二手房营销秘籍

王大峰　著

中国商业出版社

图书在版编目（CIP）数据

二手房营销秘籍 / 王大峰著. -- 北京 : 中国商业出版社，2024. 11. -- ISBN 978-7-5208-3223-6

Ⅰ. F293.352

中国国家版本馆CIP数据核字第20247E0P32号

责任编辑：许启民

策划编辑：武维胜

中国商业出版社出版发行

（www.zgsycb.com　100053　北京广安门内报国寺 1 号）

总编室：010-63180647　编辑室：010-83128926

发行部：010-83120835/8286

新华书店经销

天津和萱印刷有限公司印刷

*

710 毫米 ×1000 毫米　16 开　8.5 印张　145 千字

2024 年 11 月第 1 版　2024 年 11 月第 1 次印刷

定价：79.00 元

****

（如有印装质量问题可更换）

前言

我写这本书的目的是希望帮助二手房销售经纪人业绩暴涨、开单持续，用心服务客户与业主。

客户如何买房？业主如何卖房？我用18年的实战经验向你揭秘，如何从人性、心态、专业知识、营销实战、礼仪礼节等多维度提升你的综合能力。这些经验和心得通俗易懂，只要理解吸收转换后就能够为你所用。一流的营销水平是你提升业绩的根本。当然，做好业绩的前提是懂得如何做人做事。做人做事要学会内方外圆，因为圆是通，方是正。请记住，要永远以共赢无私的方式经营生意与人生，只有这样，才能永远立于不败之地。

作者

第一篇　十六个修养特征

人的形象很重要，尤其是男人。比如夏天容易出汗，一般不能离客户太近，如果客户已经嫌弃地捂鼻子你还凑上去，这样客户与你接触一次，就不会再有下次，你要知道你的形象对客户的心理是有影响的。

据说乔·吉拉德卖车时，即使人已经睡下了，也必须起来穿好衣服打好领带再接听客户电话，他老婆说："你这样是给谁看呢？客户又看不见。"你知道乔·吉拉德是如何回答的吗？他说："虽然客户看不到我，但我可以看到他们，他们在我心里，我得尊重他们。"那么，我们该如何时刻把客户装在心里呢？首先就要具备以下十六个修养特征。

一、基本修养

守时，提前到场。

谈吐有节，不随便打断别人的谈话。

态度和蔼，谈话的时候注视对方的眼睛。

语气中肯，避免高声喧哗。

注意交谈技巧，尊重他人的观点和看法。

不自傲。

信守诺言。

关怀他人，尤其对残疾人、妇女、儿童及老人。

大度。

富有同情心。

二、穿着

人与人的第一印象很重要。

会见客户时西装要平整，不可有折痕。

西装领要贴脖子，并低于衬衫领 1 厘米左右。

西装口袋不要放任何杂物。

走路时不要双手背在身后或将手插在上衣口袋里。

新西服袖口的商标一定要去掉。

三、衬衫

每套西装一般需要有两三件衬衫搭配。

衬衫的领口大小以扣上领口扣子食指能自由上下抽进为宜。

袖口的长度应该正好到手腕，以长出西装袖口 1～2 厘米为宜。

衬衫的领子要高出西装的领子约 1 厘米，衬衫内不应展露出任何衣服的领子。

系领带时穿的衬衫要贴身，不系领带时穿的衬衫可宽松一点，衬衫、领带每天必须换。

衬衫的下摆要塞进西裤，袖口必须扣上，不要翻起。

四、扣子

穿双排扣装时，扣子要全部扣上，不可全部打开。

单排两粒扣装，既可以只扣第一粒，也可以全不扣。只系上面的扣子显庄重，只系下面的扣子显得流气，两粒扣子都系上显得土气，全都不系则显得潇洒。正式场合一般要求把上面的扣子系上，坐下的时候应该解开。

单排三粒扣装，只扣上边两粒；单排一粒扣装，扣与不扣均可。

穿三件套西装时，则应扣好马甲上所有的扣子，外套的扣子可不扣。

五、女性职业化

女性最理想的着装是深色西服裙套装，夏季套裙、连衣裙以深色保守式样套裙为好。

服饰应讲求质量，服装的款式应简约。

冬大衣一定要够长，盖住里边的裙子，正式场合应穿黑色皮鞋，避免穿浅色鞋，鞋要擦亮。

白领女性最适合的鞋是深色的不露脚趾和脚跟的船型鞋，鞋跟为中跟。

不要穿网眼袜和浅色袜子。

首饰戴得越少效果越好。

最好背着真皮、质地良好的女士包。

干净利索的发式、简洁的淡妆十分必要。

六、礼貌用语

初次见面应说："你好，幸会。"
看望别人应说："拜访你。"
等候别人应说："我恭候你。"
请人勿送应说："请留步。"
麻烦别人应说："打扰你了。"
请人帮忙应说："烦请你。"
求给方便应说："借光一下。"
托人办事应说："拜托你了。"
请人指教应说："请教。"
请人解答应说："请问……"
赞人见解应说："高见。"
归还原物应说："谢谢。"
求人原谅应说："请多多包涵。"
询问老人年龄："您今年高寿？"
好久不见应说："久违。"
客人到来应说："欢迎光临。"
中途先走应说："我先失陪。"
与人分别应说："告辞。"

七、握手方式——握手的几个细节

握手时要手掌伸直，略微用力表示平等、尊重。

右手向侧下方伸出，表示顺从、谦恭，晚辈宜采取这种方式。

如果手心朝下则显得比较傲慢、压住对方的感觉。

双手重叠握住对方，显得真挚、热情。

行至距他人1米左右之处，伸出右臂，使右臂与身体呈60度左右的夹角，以右手与对方的右手相握，相握时不可用力过猛，五指应当并拢。与此同时，应面含微笑，注视对方双眼，也可以同时颔首向对方致意。握手的时间不宜超过3秒钟，相握的两只手上下摇动一两下即可。

八、握手原则

最好先等长者、贵宾或是女士伸出手来，再与之握手。

与许多人同时握手时，不交叉握手。最有礼貌的顺序是先上级后下级，先长辈后晚辈，先主人后客人，先女士后男士。

握手时，坐着的一方要站起来，除非年事较高或身体不适（应说明情况）。

与长者、贵宾握手时，应快步趋前，双手握住对方的手，身体可以微微向前倾，以表示对对方的尊敬。

握手时间不宜过长或过短，一般控制 3 ~ 5 秒。

男士与女士握手，时间要短，用力要轻，应握女士的手指。

握手时不要戴手套，也不要用左手与人相握。

握手时态度一定要表现得专心致志，不要在握手时敷衍了事或是忙于与别人打招呼，握手时手中都不宜拿着东西。

握手之后，切勿看自己的手，或用手帕去擦。

九、递名片规则

递名片时首先要把名片准备好。名片要放在易于掏出的口袋或皮包里。不要把自己的名片和他人的名片或其他杂物混放。

递交名片要用双手或右手，名片的正面要向着接收者。递交时要目光注视对方，微笑致意，可顺带说一句“请多多关照”。

接收名片时要恭敬并面带微笑。

双手接过名片，一定要认真地看一下，记住对方的名字，并郑重地放入自己的口袋或名片夹内。千万不要一眼不看，随便放在桌上，更不能随手把玩名片。

看名片时，要说句“认识你很高兴”的客套话。

如果是交换名片，自己未准备名片时，可向对方致歉，并主动介绍自己。

十、电话礼仪

电话铃响三声之内接起电话。

通话时声音不宜太大。

接起电话时首先应自报单位名称及所属部门。

接听电话时，要询问对方单位名称及所属部门，以便接转电话时为指定受话人提供便利。

当对方要找的人不在时，若不了解对方的目的，不要随便传话。

不要随便说出指定受话人的行踪。

通话时又碰上客人来访，应先招待来访客人，向通话方致歉，得到通话方许可后挂断电话。

在电话中传达事情时，应重复要点，对于数字、时间等，应再次确认以免出错。

如果碰到对方拨错号码时，应该礼貌告知对方拨错电话。如你拨错，应马上致歉。

挂断电话前要确定对方已挂断，才可挂断电话。

十一、接待礼仪

接待客户时要在客户左前方侧行，领先2步，边说“这边请”，边不时回头与客户交谈或者照顾客户。

十二、送客

送客时，要主动为客户按电梯或快走几小步，抢上前拉开车门，并一只手遮挡在车门上沿，以防客户头部碰撞到车门。

十三、轿车礼仪

轿车座位有讲究。座次安排：首先后排座位的右侧位置为最佳车位，其次是后排座位的左侧，最后为司机旁边的座位。

坐车时，一般是男士为女士、下级为上级、主人为客人打开车门，并请他们先入座；下车时，男士、下级、主人应先下车，为女士、上级、客人打开车门，并请他们下车。

十四、眼神礼仪

与顾客交谈时，不可长时间地凝视对方；社交场合，无意与别人的目光相遇不要马上移开，应自然对视1～2秒，然后慢慢离开。与异性目光对视时，不可超过2秒，否则将引起对方无端的猜测，必须根据对象和场合把握好注视的时间。

用目光注视对方，应自然、稳重、柔和，而不能死盯住对方某部位，或不停地上下打量对方，这是极失礼的。注视对方什么位置，要依据传达什么信息、烘托什么气氛而异，要根据不同场合、不同对象选择具体目光所及之处和注视的区间。

商务工作者在交谈中敢于正视对方，是一种坦荡、自信的表现，也表示尊重对方，当对方难堪时，不要去看对方或用笑话安慰对方。

十五、避免不必要的肢体动作

交际场合切忌乱做手势，或指指点点。

十六、经纪人心理素质

每个经纪人的业务成绩都离不开辛勤工作，经纪人的工作接触面广、工作量大、专业性强，他们的表现不仅直接关系到客户对公司品牌和服务的印象、获利多少，还会影响到公司的整体形象、声誉、跳槽率和士气。为了让经纪人有积极向上的精神面貌、勤勉有加的工作态度、遇事不慌的个人能力，极为重要的一点就是提升他们的心理素质。

1. 经纪人要建立良好心态，树立“我能行”的自信与勇气，全世界最能激励自己的一句话就是:“我喜欢我自己，我爱我自己。”

2. 对自身能力有相对准确的评估，善于在竞争与挑战中寻找机会，创造机会，抓住机会。

3. 机会来临时调整心态，果断作出决定并付诸行动，千万别错过机会，坚持别放弃!

4. 增强团队责任心与信任感，建立良好的人际关系，由责任感带来的动力最强大。

5. 体验团队配合的重要性，强调换位思考，增强合作意识。不要小瞧一滴水的力量，只有每一滴水融进大海，大海才不会干涸。

6. 通过独特体验，获得战胜自我的满足感，唤醒内心的激情与热情，要不断激励自己:“我是最棒的。”

7. 在轻松的环境下，可以完全释放自我，减轻工作压力。学会放松自己，找到适合自己的放松办法，如旅游、朋友聚餐、唱歌、打台球、读书等。

8. 要树立服务至上的理念。你只有不断为顾客提供优质的服务，才能让顾客满意，这也是你从事房地产中介行业的价值体现。

9. 掌握丰富的房地产专业知识，因为专业，所以相信。专业可以提高自信心，也可以带来顾客的信任。

10. 有较强的工作能力，不断安排自己有效工作，只有这样才能有希望，有希望才可以看到未来，只要希望还在，信心永远都在。

11. 有强烈的业务拓展意识和良好的工作态度，要学会自己激励自己，相信自己是打不死的“小强”。

12. 能够把握和收集与业务有关的各类信息，信息是成功路径的一部分，要学会抓住每一次机会。

第二篇　房地产基础知识

一、房地产相关概念

房地产又称“不动产”，是指土地、建筑物及固着在土地、建筑物上不可分离的部分。其中，不可分离的部分还有树木、水暖设备等。

房地产有三种存在形式。

1. 单纯的土地。
2. 单纯的建筑物。
3. 土地与建筑物结合的房产。

二、房地产市场的分类

根据房地产开发，房地产市场分为三个级别。

1. 一级市场（土地市场）。
2. 二级市场（房地产增量房市场）。
3. 三级市场（房地产存量房市场）。

三、土地及土地所有权

土地的概念一般是指地面、地面以下和地面以上一定范围的空间。现实生活中的土地是人为划分的，是具有特定面积范围的地域。

根据我国相关法律规定，我国土地所有权分为全民所有和劳动群众集体所有制。

任何单位和个人不得侵占、买卖或者以其他形式非法转让土地。土地使用权可以依法转让。

四、发展商只有得到土地使用权才能建房

获得土地使用权主要有以下几种方式。

招标、拍卖（主要方式）、六类用地（商业、娱乐、旅游、金融、服务业、商品房）、协议转让取得（旧城改造）、政府批准划拨的国有土地（如医用、教

育、军用等）。

土地主要分为生地和熟地两类，其中熟地又分为如下三类。

1. 三通一平：通水、通电、通路的平整土地。

2. 五通一平：通水、通电、通路、通排水、通电信的平整土地。

3. 七通一平：通水、通电、通路、通排水、通电信、通煤气、通热力的平整土地。

国有土地使用权出让年限有以下几类。

1. 商业、旅游、娱乐用地 40 年。

2. 工业用地、科教、文体、卫生、体育用地、综合用地或其他用地 50 年。

3. 有些城市工业用地原则上不超过 20 年。

4. 住房用地 70 年。

土地使用权划拨主要是指县级以上人民政府依法批准，在土地使用者缴纳补偿、安置等费用后将该幅土地交付其使用，或者将土地使用权无偿交付给土地使用者使用的行为。以划拨方式取得土地使用权的，除法律、行政法规另有规定外，没有使用期限的限制。

下列建设用地的土地使用权，确属必需的，可由县级以上人民政府依法批准划拨。

1. 国家机关用地和军事用地。

2. 城市基础设施用地和公益事业用地。

3. 国家重点扶持的能源、交通、水利等项目用地。

4. 行政法规规定的其他用地。

五、建筑概念

建筑是建筑物和构筑物的总称。

狭义建筑物是指各类房屋，构筑物则指树木、电梯、水暖设备等。

合格建筑物的标准是适用、经济、美观。适用是指安全、防水、隔声、保温隔热、采光、功能齐全、空间格局合理；经济是指购置价格合理、维修保养、采暖、空调能耗不高；美观是指建筑造型、色彩具有美感，与环境协调。

六、物业概念

广义的物业就是房地产，狭义的物业包括各类房屋及其附属设备、设施和相关场地。而各类房屋既可以是建筑群，如住宅小区，也可以是一幢住宅。附属的设备、设施和相关场地是指与上述建筑物相配套的室内外各类设施、市政公用设施、道路交通设施等。

七、房屋建筑常识

1. 容积率

容积率是总建筑面积与总用地面积的比值，反映土地利用程度、使用强度及其经济性的技术经济指标。

容积率 = 总建筑面积 ÷ 总用地面积，一般来讲，普通住宅≥ 1.0，非普通住宅< 1.0。

2. 建筑物密度

建筑物密度是项目用地范围内各种建筑用地面积总和占总用地面积的比例，也可以是建筑物基底总面积 ÷ 总用地面积，反映建筑用地范围内的空地率和建筑物的密集程度。

3. 绿化率

绿化率是指项目规划用地范围内绿化用地总面积占规划建设用地面积的比例。

4. 绿地率

绿地率是居住区用地范围内各类绿地的总和与居住区用地的比例。

5. 建筑面积

建筑面积是指建筑物外墙所围成空间的水平面积，包括房屋居住可用的实用面积、墙体柱体占地面积、楼梯走道面积、其他公摊面积等。建筑面积 = 套内建筑面积 + 公摊面积、

6. 公摊面积

公摊面积是指建筑物的楼梯、电梯井、外墙、公共门厅、走道、设备间、首层大堂及小区内其他一些配套设施的面积总和。

7. 使用面积

使用面积是建筑面积扣除公摊面积及墙体柱体所占用的面积后的直接供住户生活的净使用面积，俗称“地砖面积”。

8. 占地面积

占地面积是指建筑物基底及其功能需要占用的面积，也叫“红线面积”。

9. 套内建筑面积

套内建筑面积 = 套内使用面积 + 套内墙体面积 + 阳台建筑面积（露台面积按半面积计算）。

10. 销售面积

销售面积 = 套内建筑面积 + 公摊的公用建筑面积。

11. 公用建筑面积

公用建筑面积 = 整幢建筑面积 – 套内建筑面积 – 不应分摊的建筑面积。

12. 公摊的公用建筑面积

公摊的公用建筑面积 = 套内建筑面积 × 公用建筑面积分摊系数。

13. 公用建筑面积分摊系数

公用建筑面积分摊系数 = 公用建筑面积 ÷ 套内建筑面积之和。

14. 分摊的公用建筑面积

分摊的公用建筑面积包括大堂、大厅、走廊、过道、楼梯间、电梯、电梯机房、垃圾道、管道井、消防控制室、消防通道、水泵房、水箱间、冷冻机房、配电室、煤气调压室、空调房、电梯工休息室、值班警卫室等。

15. 不计入的公摊面积。

不计入的公摊面积包括仓库、车库、车道、供暖锅炉房、人民防空地下室、物管用房、售房单位、自用房屋、为多幢房屋服务的警卫室。

八、房屋结构

1. 砖木结构

砖木结构类建筑物在20世纪80年代前比较多。

2. 砖混结构

砖混结构类建筑物的竖向承重构件采用砖墙或砖柱，水平承重构件采用钢筋混凝土楼板、屋顶用楼板（老式公房）。

3. 钢筋混凝土板墙结构

钢筋混凝土板墙结构类建筑物的竖向承重构件和水平承重构件均采用钢筋混凝土制作，多用于多层建筑和高层建筑。

4. 空间结构

空间结构包括悬索结构、网架结构、壳体结构等，如体育馆、大剧院等。

5. 房屋分类

(1) 住宅：普通住宅、高档住宅、叠加别墅、联排别墅、双拼别墅。

(2) 商业：商铺、公寓、旅馆、餐饮、娱乐等。

(3) 工业：研发、生产、金融、物流、仓储用房等。

(4) 教育、医疗、科研、交通、寺庙、监狱、宗教等。

6. 建筑物的分类 (按建筑高度分)

(1) 低层：2 层及 2 层以下。

(2) 多层：2 ~ 7 层。

(3) 中高层：8 ~ 16 层。

(4) 高层：17 ~ 24 层。

(5) 超高层：25 层以上。

九、上海二手房交易流程

1. 根据需求找到房源，完成看房确定意向。

2. 收取意向金，签订二手房买卖协议。

3. 网签合同，卖方预约还款，买方贷款面签。

4. 核价，补件 / 送审，办理还款手续。

5. 综合预受理，领取抵押登记材料，领取抵押注销材料。

6. 登记审核，客户名下住房查询 (购房资质审核)、业主税务审核 (交易税费 / 房产税)。

7. 缴税。

8. 买方领取房产证。

9. 银行放款。

10. 房屋交接。

十、影响房屋价格的因素

1. 房屋的地理位置，交通便利与否、学区周边环境等。

2. 房屋的户型、楼层、朝向、视野、新旧程度等。

3. 小区外部的配套设施，如医院、银行、超市、美容院等。

4. 小区内部的配套设施，如健身、泳池、洗衣店、便利店等。

5. 房屋的市场价格定位。

6. 房屋的供需状况。
7. 物业管理公司的口碑。
8. 房屋的市场租赁价格前景及回报率的多少。
9. 政策因素、银行税收、土地价格的变动等。

十一、居住房种类

1. 商品房

一手房为商品房，商品房销售须具备以下五证：《国有土地使用证》《建设用地规划许可证》《建设工程规划许可证》《施工许可证》《商品房销售许可证》。

2. 存量房

二手房为存量房，存量房是一般房产中介主营业务。

3. 普通公房

普通公房是指按照国家房改有关售房政策，单位职工按成本价、标准价或优惠价购买的公有住房，或者依照地方人民政府规定的住房保障政策购买的经济适用住房。

4. 经济适用房

经济适用房以中低收入家庭住房困难户为供应对象，并按国家住宅建设标准建造，是具有社会保障性质的普通住宅。土地供应原则上实行划拨方式，住房设计、使用功能上要满足居民的基本生活需要。经济适用房的供应价格由经济适用房建设的行政主管部门会同物价部门按建设成本确定，只拥有房屋所有权，表现形式为红色防伪材质的房屋产权证，并在第一页上部加盖经济适用住房印章或按经济适用房管理。

5. 使用权公房

使用权公房是指国家或国有企业、事业单位投资兴建的住宅，以政府规定的租金出租给居民的公有住房，业主只拥有房屋的部分产权，可以永久使用，可以继承，即承租房，只能居住，不能自行转让、出租或赠予，最显著的特征是要交房租。

6. 福利房

所谓福利房，称优惠房或者房改房，是指职工单位将公房以工资性货币分配方式出售给职工，以标准价或成本价购买，从而对购买的房屋享有部分产权或全部产权的住房。

7. 动迁房

动迁房也就是“安置房”，是政府进行城市道路建设和其他公共建设项目时，对被拆迁住户进行安置所建的房屋。

第三篇　新人进店指导

当新进雇员开始从事新工作时，在最初上班的数小时或数天中，是决定其受雇成功与否的关键，这期间也最易于给主管人员留下好或坏的印象。同样地，新上司也与新进雇员一样受到考验，主管人员能否成功地给予新进雇员一个良好的印象，是能否留住新进雇员的重要因素。

一、新进雇员进店面临的问题

1.陌生的面孔围绕着他。

2.对是否有能力做好新工作而感到不安。

3.对于新工作的意外事件感到胆怯。

4.不熟悉的噪声使他分心。

5.对新工作力不从心。

6.不熟悉公司的规章制度。

7.对新工作环境陌生。

8.不知道所遇的上司属于哪一种类型。

9.害怕将来在工作上遇到很大的困难。

二、和谐友善地欢迎

主管人员接待新进雇员时，要诚挚友善，对他表示欢迎，与他握手，将他的姓名记在脑海中，并始终微笑着面对他。虽然给新进雇员以友善的欢迎态度是很容易做到的，但常常被主管人员疏忽。

三、介绍同事及环境

新进雇员虽然对环境感到陌生，但只要与新同事熟悉后，这种陌生感很快就会消失。作为主管人员，要友善地将公司环境介绍给新同事，帮助他消除对环境的陌生感，并协助其更快地进入工作状态。

四、使新进雇员对工作满意

要让新进雇员在刚开始工作时就感觉这份工作很称心，并逐渐爱上这份工作，对新的工作有良好的印象。主管人员可以将自己刚刚从事这份工作时的经验告诉他，并以此鼓励和帮助他。

五、与新进雇员做朋友

以诚挚及协助的方式对待新进雇员，可使其克服许多工作之初的不适应与困难，并有效降低因不适应新环境而造成的离职率。

六、详细说明公司规章制度

新进雇员常常因对公司的规章制度不熟悉，而出现一些不必要的烦恼及错误，所以在新进雇员报到之初，为了使他尽快适应新工作，首先就是让他明白公司的各种规章制度，并让他知道公司对他的期望，以及他可以为公司做出的贡献。

向新进雇员解释有关公司规章制度时，必须让他意识到公司的规章制度对每个人都是公平的。假如主管人员向新进雇员解释规章制度时，让他们感觉到公司的规章制度有失公平，那他们对新工作必然不会产生好印象。

所有公司的规章制度都有其制定的理由，主管人员应将这些理由清楚地告诉新进雇员。新进雇员有权利知道公司的每项规章制度制定的理由，因为当一名新进雇员在参加一项新工作时，他就要与公司建立合作关系，因此越是明白公司的规章制度，则彼此间的合作就越密切。

向新进雇员坦诚及周全地说明公司的规章制度，既是主管人员的责任，也是建立劳资彼此谅解的第一个步骤。

七、计划说明

没有人是不思进取的，所以工作中的晋升机会对新进雇员而言是十分重要的，这就要求主管人员务必在新进雇员初进公司时就要着重说明。但切记不要做出任何空头承诺，以免将来所进雇员不适任时，出现承诺不能兑现的问题。以下是适当的说明内容。

1.向新进雇员解释，同事都已获得哪些成就，同时他们又都遵循哪些规则在做工作。

2.要坦白地告诉新进雇员，晋升与否是根据工作表现而定的。

3.使新进雇员了解，若要做好较难的工作，就必须充分做好前期的准备工作。

4.为新进雇员提供一些建议，若要获得晋升的机会，必须做好哪些准备工作。

5.要对新进雇员很清楚地说明，晋升并不能由偏袒或徇私而获得。

6.要提醒新进雇员，晋升机制对好员工是永远有效的。

八、新进雇员进店七天学习安排

1.了解公司文化、进行价值观测试，熟悉公司组织结构、晋升机制、工作职责。

2.熟悉店面，认识同事，了解行业前景。

3.了解业务范围、社区的区域状况，如交通、配套、学区等。

4.掌握电脑的基本操作技能。

5.熟悉公司工作及公司的规章制度、晋升机制、竞争机制。

6.掌握房地产相关知识和专业知识。

7.陪同老员工进行客户开发、学习业务操作和注意事项以及技巧。

8.掌握电话沟通技巧。

（一）新进雇员第一天

1. 上午9:00召开集体会议，包括集体高喊口号、团队欢迎新进雇员加入这个大家庭、自我介绍、同事介绍。

2. 组别经理制订新进雇员培养计划、介绍七天的学习内容和行程安排等。

3.介绍企业文化、未来发展、员工福利以及基本的人事制度、新进雇员短期目标。

4.了解公司管理制度，了解区域的重要性及如何熟悉周边楼盘。

5.安排新进雇员熟悉周边楼盘，了解每个物业基本信息（房型图）。

6.总结工作成果并及时进行鼓励，安排第二天的工作内容。

（二）新进雇员第二天

1.集体喊口号，新进雇员晨会时汇报前一天的工作情况，提出问题由老员工给予解答，集体互动。

2.对前一天培训内容进行提问，查看新进雇员的学习能力和领悟能力。

3.培训新进雇员房地产基础知识。

4.为新进雇员画出新的路线范围，让其继续熟悉新楼盘。

5.安排新进雇员，看“钥匙房”并进入室内画房型图。

6.帮助新进雇员规划短期目标，并对其一天的工作进行鼓励、指导和评价。

7.根据新进雇员跑楼的实际情况进行指导，了解新进雇员对公司和行业的看法，培养新进雇员熟悉公司的各项机制，如养老金、孝顺金。

(三)新进雇员第三天

1.集体喊口号，新进雇员要进行前一天工作的总结，并提出问题，由其他新进雇员给予解答，所有员工对新进雇员进行鼓励。

2.对新进雇员房地产基础知识进行检查，以判断该新进雇员的学习能力和领悟能力。

3.指导新进雇员学习交易税费知识，并对前一天楼盘进行回顾，安排当日楼盘的熟悉范围、路线等。

4.安排新进雇员楼盘调查及查看有钥匙房源或独家房源，画房型图。

5.与新进雇员进行沟通，鼓励其一天的工作，并对工作的结果进行总结。

6.如发现该新雇员工思想有些波动，要给予鼓励，告知这个行业是先难后易的性质，还要为新进雇员讲解绘制户型图时可能出现的问题。

7.对房地产交易知识进行讲解，对重点区域进行介绍，根据新进雇员跑楼的实际情况进行指导，了解新进雇员对公司和行业的看法，告知新进雇员目前薪资发放、奖金发放时间等。

(四)新进雇员第四天

1.集体喊口号，新进雇员晨会进行前一天的工作总结，提出问题，其他老员工给予解答，互动。

2.分享工作心得，对新进雇员进行鼓励。

3.对交易知识进行提问，观察该新进雇员的学习能力和领悟能力。

4.指导新进雇员学习房地产基础知识及交易知识。

5.新进雇员陪同老员工驻守开发客户，对前一天楼盘进行复习以加深印象，安排今日新进雇员楼盘熟悉路线，熟悉“钥匙房”、画房型图。

6.对新进雇员进行鼓励，对其一天的工作结果进行点评，对其工作态度进行评价。

(五) 新进雇员第五天

1.集体喊口号，新进雇员进行前一天的工作总结，提出问题，由其他员工给予解答，分享工作心得，对新进雇员进行鼓励。

2.检查新进雇员前一天学习的房地产基础知识及交易知识，讲解中介的服务流程、交易流程、收费标准等业务知识。

3.新进雇员讲解开发的几种方式，陪同老员工进行外出开发，对前一天楼盘再次进行熟悉，安排熟悉今日区域楼盘等。

4.安排新进雇员查看“钥匙房”，绘制房型图。

5.检查新进雇员工作中可能出现的问题，对雇员在工作中的优良表现进行鼓励，并对其进行社区开发和外网开发指导。

6.对新进雇员进行电话开发技巧训练，检查熟悉楼盘的程度，了解新进雇员的工作状态。

(六) 新进雇员第六天

1.集体喊口号，新进雇员进行前一天的工作总结，提出问题，由其他员工给予解答，分享工作心得，对新进雇员进行鼓励。

2.检查新进雇员前一天学习的业务开发知识，检查前一天学习的其他方面知识（如交易流程、税费、收费标准等）。

3.陪同店里老员工外出驻守开发、检查对前一天楼盘的熟悉情况等。

4.安排看有钥匙的房源，绘制房型图。

5.检查新进雇员楼盘熟悉情况，了解新进雇员开发中出现的问题，表扬新进雇员在工作中的良好表现。

6.对新进雇员进行电话开发训练、电话技巧与声音大小语速训练、肢体语言训练，了解新进雇员的工作状态，对其当天表现进行点评。

(七) 新进雇员第七天

1.集体喊口号，新进雇员进行前一天工作的总结，提出问题，由老员工给予解答，分享工作心得，对新进雇员进行鼓励。

2. 对昨天讲解的内容进行检查，观察新进雇员的学习能力和领悟能力，纠正新进雇员在开发中出现的问题。

3. 陪同老员工开发、带看，经理与新进雇员进行面谈，点评七天的表现，对今后的工作进行认可，恭喜新进雇员通过七天的考核。

4.经理考试，检查新进雇员七天对楼盘的熟悉情况，检查新进雇员对业务知识的掌握程度，了解新进雇员对行业的看法以及他长期从事这个行业意愿。

进店培养期间应注意，新进雇员七天学习期间不可以接待客户；经理通过沟通了解新进雇员的综合学习能力和领悟能力；根据情况进行多维度调整，快速提高新进雇员的工作能力，引导新进雇员融入团队，熟悉公司文化；新进雇员入职后方可以使用房源系统，此时经理应根据新进雇员七天的学习情况，安排后续事宜(进行层级考试，面谈及入职欢迎仪式)。

第四篇　了解人性

一、认识人性

真正的高手能够一眼洞悉人性。做事分为三个层次：下层谋事，中层谋人，上层谋局。谋局者目光远大，整合上层，并购中层，帮扶下层，这是成功者的秘密。当你懂得人性、情商和智商快速提高时，你就会变得更强，会带领团队取得丰硕的业绩。

二、为什么需要了解人性

为什么需要了解人性？因为不了解人性，你就无法洞悉人性、满足人欲、获得人心。为什么客户不找你买？为什么好朋友反目成仇？为什么别人把你的好心当成驴肝肺？因为你不懂人性。

了解人性，知道人性，无往不利，最终会获得成功。

懂得人性管理的人可以让自己成熟、强大，并获得自己想要的。懂得人性的人，会激励他人做事，完成既定目标。

了解人性，懂得人性，商家都是根据人性设计营销话术，按照人性需求设计产品卖点。

顺应人性做事，每个人都有自己的爱好，每个人也都有弱点，作为高手要知道该如何利用人性的弱点，这是底层逻辑。

三、人性是什么

人性就是人的本性，是人身上普遍存在的特征，是生存的本能。这个世界是充满竞争的，只有在竞争中才能生存，才能更好地生活。人有五大需求，首先是生存，人性就是生存的本能。

四、人性、认知、思维区别是什么

人性就是人的本质，是不会变的特性，人人共有的，如想在物质方面拥有好条件，这是客观存在的，具有普遍性。

认知。就是人认识世界的方式，看清世界本质的人和看不清世界本质的人，有不同的命运，认知能力的高低，决定是否能看清世界，世界上聪明的人很多，有智慧的人却是不多，聪明相当于智商高，智慧就相当于认知高。

思维。就是大脑逻辑推理的过程，比如，当你看见天空有乌云，就会想到下雨；当你看到下雨，就会想到有关下雨的后续。

人性、认知、思维通过一件事就可以区别和体现。比如，原始人认为打猎能吃饱才能生存下来，这就是人性。原始人认为野鹿容易抓到，老虎不容易抓到，这就是认知。原始人知道怎么抓，用什么方式抓，这就是思维。

五、人性和心理的区别

人性和心理是不一样的。

人性就是人的本质属性，是人类天生具有的，为人处世的共同特质。心理就是大脑对客观现实的主观反应。比如，人的各种情绪都跟心理有关，人性具有普遍性，放任何人身上都适用，无论大人还是小孩，中国人还是外国人，不同身份地位的人都会受到人性规律的支配，就如嫉妒这一人性特点，在每个人身上都会体现出来。

心理的特殊性，喜怒哀乐就跟心理有关，如引起喜怒哀乐的原因，每个人都是不一样的。心理会变，人性不会变，人性是内核，心理是外衣，每个人成长的环境不同，个人经历不同，心理也就会不同。同样，看法不同，选择就会不同，行为不同，结果也就会不同。

人性是道，心理是术，只要掌握人性的道和为人处世的根本原则，你就无往不利，合于利而动，不合于利而止。人性是与生俱来的特性，是一个人的底色和内核，人性具有普遍性。而心理则是人性的外在表现，是人性的外衣，具有它的特性，人和人都不一样，以道驭术，谁掌握人性谁就掌握心理，获得人心……

六、了解人性你会改变

1. 你会觉醒

要想有能力、有实力，就要变成一个有智慧的人，只有利用人性的规律，才能搞定身边的人和事。

2. 开始强大

要想变成强者，就要懂人性，懂得如何利用人性与人的心理博弈取得胜利，懂得利用人性逼迫自己成长，人性规律就是把你变成强大的机器，应该利用好它。

3. 你会爆发式成长

像竹子一样向下扎根，积蓄能量，然后爆发式成长，智慧开悟。

4. 你会懂得顺应人性办事

每天面对各种关系，面对很多人，说话办事都要顺应人性办事。

5. 你会懂得沟通

要想快速提升自己的营销能力，就不要乱说话，人的嘴巴一张一合之间祸福难料，要学会如何与客户沟通。

6. 把握客户心理

你要会设计产品和营销话术，根据人性需求把握客户心理，激发客户购买欲望。

7. 你要懂得如何操控

你可以提升自己的领导能力和把握人性的能力，让下属对你心服口服。

8. 财务逻辑。

有财务逻辑从此让赚钱更加容易，谁懂人性谁就最会赚钱，这是亘古不变的财富真理。

成功都是利用人性，应精准把握人性，知道人需要什么。

9. 学会独立思考。

学会通过现象看本质，让人生变得更加通透，找到事情背后的核心规律，让心智更成熟。

七、不成熟人的八大表现

1. 包容性差，听不进别人的意见，自以为是。

2. 习惯反驳，总是喜欢抬杠。

3. 不懂换位思考，要有盲人摸象的思维。

4. 情绪不稳定，无法控制情绪。

5. 做人高调。

6. 自卑与自傲，自己信心不足，妒忌别人。

7. 喜欢走捷径。

8. 做决定时犹豫不决，做完决定又后悔。

八、如何成熟

1. 狠。有时对自己狠一些，就能让自己变得强大。

2. 忍耐。忍别人不能忍，坚持与忍耐，十年磨一剑，知行合一，只有能忍耐的人才能成大事。

3. 信念。坚定信念，相信自己，要对自己有信心，坚信自己一定能成事。

4. 经历与实践也可以助推成功，只有经历了磨难并付诸实践才能学会反思自己，沉淀自己，提高能力。

九、高手的特征

1. 深谙人性，满足人欲，获得人心，顺应人性，控制人性。

2. 突破人性，打破原有思维，多维思考。

3. 城府极深，深不可测，要控制自己的情绪，沉得住气，遇事不动声色，保持冷静，寻找解决问题的办法。

4. 不为情感所困，会权衡利弊，理性地做出选择不被情感左右思想。

5. 取舍有度，注重长远的利益，长线投资，有舍有得。

6. 高度自律，不轻易被诱惑，严于律己。

7. 认清现实。

8. 杀伐果决，该出手时绝不犹豫，有胆量，有魄力。

9. 做事和布局。做事，就是具体工作，把事情做好，把握好事情发展的方向。布局，智者谋局，走一步看三步，看得远，布局的人能全面看待问题，看透背后的变化，有应对策略，做事和布局是两个不同的维度，布局的人是主帅或者军师。

如何成为一名优秀的谋局者？

首先，趋势。洞察行业的趋势，政策动向，提前做好布局与规划。

其次，谋人性。人的行为都与人性有关，只有把握人性才会管理团队，用优秀的人成事，高手用别人的缺点帮助自己成事。

谋局是一个人的眼界和格局，一个善于谋局的人，总是顺势而为，乘势而起，顺应人心，利用人性达到无往不利的境界！

10. 抓人性的弱点。要想做好事业，你需要了解人性的弱点，商家便是利用人性弱点制造产品赚取利益，迎合人们的需求。所以商家都会利用人性弱点满足人欲，获得人心，持续不断赚取利润。

11. 获得财富取之有道。再好的产品也是人设计出来的，人才是财富的关键，产品的研发离不开人才，所以企业的竞争实际是人才竞争，一流的企业需要一流人才，企业中的人才才是这个企业最大的财富。

12. 想赚钱别盲目跟风。不要盲目跟风，当需求市场疲软，你不看市场供需关系，就盲目地跟风，最后很可能血本无归，任何一个行业都有市场供需情况，你需要了解清楚再决定做什么。

13. 转变思维。想赚钱就得转变思维，人需要了解趋势，学会变通，随机应变，以结果为导向。在这个不断变化的世界，需要灵活的思维，顺势而为，学会使用时代的工具，还要具备天时、地利、人和的先决条件。

14. 变通思维。①做局思维。你想赚大钱就得提高维度，做一个布局者，让更多的人在局内为你所用。②破局思维。转变思维，只有打破固有思维突破自我，才能有新生可能。③整合思维。把自己身边的资源整合起来，将可利用的人、事、物充分利用起来，不浪费一点一滴可利用资源。④成长思维。人只有不断学习，接受新事物，发现新问题，解决新问题，不断在失败中汲取经验、教训，最后才能成功。

15. 成功人士的秘密。成功人士都有很好的心态，他们看待世界不一样，他们有长远的眼光和清晰的目标，他们看得清未来的趋势，有决胜千里的能力。成功人士知道自己的目标，不会执迷于金钱，只是将金钱当作工具去创造更美好的生活。

16. 人性不同场景的表现。人性复杂难以让人看清楚，一个人在不同的场景、时间，其表现和做法都会不同，只有提升自己的能力，才可能看清这个人到底有多少面。比如，在公司遇见领导、同事表现的态度都是不一样的。

第五篇　心态篇

一、心态决定成败

做销售就得有坚持的心态，不要轻易放弃，要勤劳、善于学习，简单的事情重复做，重复的事情坚持做，只要坚持付出，就一定会有回报！

1. 没有失败，只有暂停成功

汽车大王福特说，不管你认为自己会成功还是会失败，你所说的都是对的，人生真的没有“失败”这两个字，只是暂时停止成功而已，只要不放弃，在人生的旅途中，你都不算失败，都只能算是暂时停止成功而已。很多人都需要改变思维定式，失败了就是暂时停止成功，成功是一个结果，失败的经历只是过程，总结过程就会获得成功，让自己不断向成功的路上前进，不管你现在的处境如何，也不管你的年纪多大，都不是理由，那只是借口，因为哪怕你身无分文，只要你努力还是有机会的。人生只有走到生命尽头，才会结束，在那之前都不算结束，而是暂时停止成功。你需要用一种积极的态度来面对生活，不能因为自己的年龄而阻止了自己前进的步伐。一个人看到了蝴蝶正奋力地从茧中挣脱出来，由于茧的出口太小，它努力了很久还是进展甚微。这个人以为它被卡住了，就拿剪刀把口弄大了一点。蝴蝶终于破茧而出，但是它的翅膀又干又小，躯体也是干瘪的。其实，从生命学上来说，蝴蝶从茧中挣脱的时候，会分泌液体，使翅膀丰满，如果没有这个过程，它就不会飞。因此看似帮助了蝴蝶的好人事实上帮了倒忙，因为他的帮助让蝴蝶再也飞不起来了。同样，无论通往成功的道路有多远，都不要停止脚步，更不要走捷径，如同那只蝴蝶一样，在别人的帮助下看似成功了，实则离成功越来越远，最终浪费了来之不易的生命。

2. 延迟并不等于拒绝

有一个人，他在 21 岁时做生意失败。

22 岁时，角逐州议员落选。

24 岁时，做生意再度失败。

26 岁时，爱侣去世。

27 岁时，一度精神崩溃。

34 岁时，角逐联邦众议员落选。

36 岁时，角逐联邦众议员再度落选。

45 岁时，角逐联邦参议员落选。

47 岁时，提名副总统落选。

49 岁时，角逐联邦参议员再度落选。

52 岁时，当选美国第十六任总统。

这个人就是林肯，因为他坚信延迟并不等于拒绝，因此能屡败屡战，最终成就不凡。

3. 任何事情的发生必有其目的，并要有助于我

国王与大臣在议事，适逢天下大雨，国王问："你说下雨是好事还是坏事啊？"大臣说："好事！陛下正好可微服私访。"有一年，天下大旱，国王又问："你说大旱是好事坏事啊？"大臣说："好事！陛下正好可微服私访。"又有一天，国王吃水果时不小心切掉了小拇指，又问："你说这是好事还是坏事啊？"大臣说："好事！"于是，国王大怒，将大臣关入地牢，自己独自去打猎了，误入土人陷阱被捉，好在因为不是全人（缺手指），免去被杀掉的厄运。死里逃生的国王回想起大臣的好，赶紧回宫将大臣从地牢放出来，又问大臣："我把你关在地牢里好不好啊？"大臣又答："好！好极了！要不是陛下将微臣关在地牢，微臣恐怕就陪陛下打猎被捉，被土人杀掉了。"故事说明人要有平常心，凡事有利有弊，要善于从积极的角度去考虑问题，乐观地处事。记住这样的一段话："太棒了！这种事居然发生在我身上，又给了我上升的空间。每件事的发生必有其目的，必有利于我。"

重要的不是发生了什么事，而是要做哪些事来改善它。

命运本来就是一条曲折的路，经历曲折坎坷，并不为奇，生活的状态既不是沉默寡言，也不是泛泛而谈，生活的方法，就是负重前行，寻找方向，去做那些需要做的事情，想让事情变得更好，必须先让自己变得更好。要让事情改变，起码自己要先改变。一个人若不先改正自己的坏习惯，就很难获得成功。一个人活在世上的任务首先就是改变自己，当然，要改变长期以来养成的恶习，是件困难的事情，有的时候甚至可以说是相当痛苦的。比如，一个有严重烟瘾的人想要戒烟，首先要做的就是克制身体对烟的依赖，可是身体已经习惯了那种感觉，想要戒掉它，不会痛苦吗？大部分人是无法承受这种痛苦的，或者说大部分人不愿意承受这种痛苦。

在日常工作和生活中，不少人总习惯固守熟悉的生活、熟悉的环境。为什么会这样呢？因为这些人害怕陌生环境，害怕改变会夺走他们所掌握的确定感。确定感是这些人自信心的来源，所以一旦觉得有任何不确定，内心就会本能地加以抗拒。

4. 成功者决不放弃，放弃者决不会成功

史泰龙是一位出生在美国纽约市贫民区的青年，史泰龙的父亲是一位赌徒，母亲是一位酒鬼。父亲赌输了，既打母亲又打他；母亲喝醉了也拿他出气。史泰龙在拳脚相加的家庭暴力中长大，常常是鼻青脸肿，皮开肉绽。在这样的环境下他的学业一无所成，不久就离开了学校，成了街头混混。直到20岁的时候，一件偶然的事刺激了他，使他醒悟反思："不能，不能这样下去。如果这样下去，我和父亲岂不是一样吗？他们的生活不就是我未来的生活吗？这样下去留给我的都是痛苦。不行，我一定要成功！"史泰龙下定决心，要走一条与父母截然不同的路，活出个人样来。但是做什么呢？他长时间思索着，找份白领工作，几乎是不可能的；经商，又没有本钱。他想到了当演员——当演员既不需要文凭，更不需要本钱，而一旦成功，就可以名利双收。但是他显然不具备做演员的条件，从长相上就很难使人有信心，又没有接受过任何专业训练，既没有经验，也没有天赋。然而，"一定要成功"的驱动力，促使他认为，这是他今生今世唯一出头的机会，在成功之前，决不放弃！

于是，他来到好莱坞找明星，找导演，找制片人，找一切可能使他成为演员的人，四处哀求："给我一次机会吧，我要当演员，我一定能成功！"很显然，他一次又一次被拒绝了，但他并不气馁，他知道，失败定有原因。每次被拒绝之后他就又去哀求其他人，他想要成功，也坚信一定会成功。就这样他把别人一次次的拒绝当作一次次学习的机会，痴心不改。虽然如此，但被拒绝的多了，史泰龙也怀疑过自己："难道我真的不是当演员的料吗？"史泰龙暗自垂泪，失声痛哭。"不行，我一定要成功！既然直接当不了演员，我能否改变一下方式呢？"一场拳击比赛让史泰龙有了新的方向，名不见经传的小拳手居然与拳王阿里苦斗了15个回合，这给了史泰龙灵感，仅仅用了3天时间，他就将剧本《洛奇》写出来。之后，他又拿着剧本四处遍访导演，那个时候，他急需用钱，不得不狠心将心爱的宠物狗卖掉。

他拿着剧本找到导演，哀求着导演给他一次当男主角的机会。他又遭受了一次次的拒绝。"也许下一次就行！我一定能够成功！"一次次失望之后，一个个希望又支持着他不要放弃……在他遭遇1855次拒绝后的一天，一个曾拒绝过他20多次的导演终于给了他一丝希望。同意他出演《洛奇》，但片酬只有2.3万美元，他终于有机会把爱犬赎回了。为了赎回爱犬，史泰龙只能在这部影片中演一个打扫卫生的小人物，他就是利特尔·迈克。3年多的准备，终于可以一展身手，史泰龙丝毫不敢懈怠，全身心地投入。1976年，《洛奇》票房在北美达到1.17亿美元，全球2.25亿美元，成为当时的年度前十，史泰龙成功了。

5. 成功者愿意做失败者不愿意做的事情

人与人之间最大的不同，就是愿意做别人不愿意做的事情，一般人都不愿意这样做，可是成功者愿意，因为你渴望成功，并有着更大的梦想。

别人不愿意多付出，你就多付出，别人不愿意多关怀客户，你就多关怀客户。只要你多做一点别人不愿意做的事情，你的成功概率就一定会提高很多。一定要做别人不愿意做的事情，不想做的事情，不敢做的事情，只要你坚持到底，成功一定属于你。

衡量一个人是否优秀就看你有没有激情，激情是能量的流露，是能量的展示。优秀的人特征如下。

①每日一省，善于总结，积累经验。下班后会抽时间回顾当天工作，反思不足之处，并规划好第二天的工作内容。

②能抓住工作重点，分清轻重缓急，效率第一。能够做好工作规划，找到核心工作内容，即使忙起来也能井然有序。

③能很好地处理与客户的关系。准确地发现客户实际需求，并结合客户需求达成销售，精准把握，投其所好。

④善于发挥自己的优势。制订适合自己的发展计划，有自己的职业规划，知道自己想要什么，也知道如何努力。

⑤以干为中心，有执行力。从过程到结果，结果不是做了，而是做好，做到位。能力是干出来的而不是想出来的。

二、勇于面对客户的拒绝

在房产销售链条中，每个环节都可能会遭到客户的拒绝，如向客户要电话会被拒绝、了解需求会被拒绝、预约带看也会被拒绝等，拒绝是客户的本能，是与生俱来的，也是客户自我保护的一种自然反应。

当面对客户的拒绝时，要分清是真拒绝还是假拒绝，如，“对不起我很忙”，“价格不合适”，“没有时间”等，这不是拒绝；“不好意思，我明天上午10点去香港，下周二回来”，这是真拒绝。

一般客户拒绝的原因，不需要的占20%，不合适的占10%，不着急的占10%，不信任的占55%，其他的占5%。

顾客最常用的拒绝借口如下。

(一)“考虑考虑”

购房者如果说“考虑考虑”，基本是故作推辞，或者还没有看好房子，这样表达的通常都是犹豫不决迟迟拿不定主意的购房者，所以要抓住顾客的这种心态，把顾客留住。

可以采取如下方法与顾客沟通。

“太好了，想考虑一下就代表你有兴趣，是不是呢？”这种沟通方式顾客一般是不会否认的。

“这么重要的事，你一定会很认真地作这个决定，是不是呢？”顾客依然不会否认。

“那我就放心了。既然您要认真地考虑并作出决定，而我又是这方面的专家，那我们为什么不一起考虑呢？您有什么问题，只要提出来，我会马上答复您，请您告诉我您现在正在考虑的是什么问题？”

(二)“价格太高了”

每个销售人员，都会碰到顾客说“价格太高了”的问题。

一瓶酒20元，顾客会说价格太高了；一套西装1000元，顾客会说价格太高了；一件毛呢外套1500元，顾客也会说价格太高了；甚至一个鸡蛋1元钱，也有顾客说价格太高了。

“价格太高了”已经变成顾客购买物品时的口头禅，这就需要销售人员必须解决物品价值的问题，才能说服顾客购买，否则就无法达成销售意愿。虽说降价销售也是一种策略，但商品不可能永远打折、降价销售。下面两种方法值得参考。

1. 价值法

价值大于价格，价格等于暂时所投资的金额。

价值等于长期的最大利益，也就是将利益计算成数值，那么，如何将利益计算成数值呢？

比如，当你学习完一本价值77元的资料之后，每个月可以多成交一个顾客，假如一个顾客是1万元，那么一个月你就多成交1万元，一年就多成交12万元。一个公司若有100位销售人员，如果他们都学习了这本资料，就可以多成交100万元，现在让你花77元，买100万元，你愿意吗？

又如，你走在荒漠里，快要渴死了，这时有人卖水，一瓶水10万元，相信只要你有钱就肯定会买，不会嫌贵，因为这是能让你走出沙漠重获新生的全部力量，这就是一瓶水的价值。

2. 品质法

好货不便宜，便宜没好货，世界上所有的商品都是等价交换的，开发商既可以用最低的成本建造别墅，使它的功能降到最低，也可以花费高额成本建造功能优越的高级别墅，让别墅发挥最大的功效。假如功能低的别墅使用寿命为100年，功能优越的别墅使用寿命为200年，顾客会选择哪个？愿意购买别墅的人，肯定会选择品质最好的。

（三）"别家更便宜"

每个人都希望花最少的钱买到最好的房子，顾客都有货比三家的心理，总认为别家的物品会更便宜，遇到这样的顾客，应该如何进行说服呢？许多人在购买房屋时会以三个条件进行评估：最好的品质、最好的服务、最低的价格。但必须有一个前提，即你愿意花费的价格必须与这三个条件对等，否则，就只能三选一，要么是最好的品质，要么是最好的服务，要么就是最低的价格。我们会在这个价格的基础上，尽力为你挑选物有所值的房屋，直到你满意为止。

（四）"超出预算"

很多顾客购买房子时，在自己预算范围内的很少，大部分会超出预算，同样地，买房者也很难卖到自己心仪的预算价位，身为购房决策者，为了达到更好的结果，必须做出选择，是被预算控制住，还是控制预算。

很多房屋销售员，特别是刚入行的销售员，被顾客拒绝是经常的事，心理素质不高的人，常常会在一次次拒绝中，迷失自我，在迷惘中找不到方向，在此，告诫这些销售员，要学会思考，尤其要思考以下27个问题，并写出来。

1.为什么你日夜操劳，订单还是无法成交?
2.为什么每月制定的目标都无法实现?
3.为什么你的业绩一直无法突破?
5.为什么你没有战斗力?
6.为何多年来你无法进步?
7.为什么你的优秀员工全部都离你而去?
8.为什么你无法让优秀的人为你所用?
9.为什么没有更多优秀员工跟随你?
10.为什么你总是迟到早退?
11.为什么你的能力一直无法提升?
12.为什么有能力的老员工不愿意教别人?
13.为什么员工总是找借口推卸责任?
14.为什么你的员工会私底下说公司坏话?
15.为什么你工作忙碌却没有效率?
16.为什么你总是找不到优秀的上司?
17.为什么你那么努力，却依然没有成功?
18.为什么你的房源很好却没客户购买?
19.为什么你的队员很好却卖不出房子?
20.为什么你的老客户都不愿意持续购买?
21.为什么你无法把佣金收高?
22.为什么你的业务员无法把独家房源卖出去?
23.为什么你的老客户都跑到竞争对手那里?
24.为什么你只能不断地开发新客户?
25.为什么你的业绩大起大落无法持续?
26.为什么你的房源会同质化没有竞争力?
27.为什么客户非常渴望你的房源却不买?

第六篇　如何将房子快速高价卖出

作为业主，都想自己的房子卖个好价钱，但常常几个月卖不掉，即使卖掉了，价格也没有达到预期目标，为什么会出现这种情况呢？其主要原因如下。

一、委托熟悉的经纪人卖房

作为业主，如果很忙又不想被更多人打扰，或不着急卖掉房子也不等钱用，或你委托的经纪人人品道德没问题，那么你就可以委托他帮你卖房子，这样既省时省力又省心。

不足之处是每个经纪人的资源有限，这会让很多客户无法接触你的房源，导致效率低下。

二、快速高价卖出

房屋买卖也分淡季和旺季，作为业主，要抓住房屋买卖的旺季，市场成交非常火爆时卖出，这样就抓住了购房者的从众心理。同时，还要抓住短期、中期、长期三个节点，即短期看货币政策，中期看土地，长期看人口。尤其是当短期货币政策宽松时，这个点位嗅觉很重要，这时市面热钱比较多，能够抓住一波小高峰，快速高价卖出。

三、是否怕卖便宜了

在你决定卖掉房屋之前，应该先了解本社区的成交情况，最近的成交价格就是市场价格。你也可以以客户的身份向房产中介了解市场价格，这样也许更加真实，还可以到周边同级别社区对比了解，做到心中有数。

四、是否不愿意接触陌生经纪人

很多业主就是因为不愿意接触陌生经纪人，导致房子需要很长时间才能卖掉，价格也低于市场价，结果影响了置换时间，错过了最佳时机。

五、是否对未来市场感到迷惘

欲置换房屋的业主不用对未来市场感到迷惘，毕竟是自己住的房子。对于投资客来说，基本利润很低，甚至快速套现的时机已经过去，你需要做好长期投资准备，而长期投资安全稳定才是关键。

六、怕麻烦

二手房买卖必定会经过多次看房，只有多次议价才能成交，整个流程节点都需要时间，有的业主会嫌流程烦琐而没有足够的耐心，从而不配合经纪人，导致房屋迟迟卖不出去。

七、怕浪费时间

从挂牌到客户上门需要时间，前期你需要找到专业经纪人，他的专业知识、营销方式等体现了他的专业性，只有专业性较强的经纪人，才能快速成交。

八、担心房价跌

业主刚开始挂牌，价格都是自己的心理预期价，只有经过时间和上客后才能通过调整稳定价格。议价谈判后，心态也会随之产生变化，尤其是负面信息听多了，就会担心房价下跌，心理价位也会随之下调。

九、成交的时候比较犹豫

因为业主的购买时间不同，所付出的成本也不同，所以在准备签订协议时开始犹豫不决，总认为自己卖便宜了，导致成交失败，错过了好时机。

十、担心客户贷款

购买意向谈好了，业主又可能会担心客户贷款审批不下来，一般合同都会写入贷款不足，购房者需要在过户之前把现金补足。

还有就是银行放款时间，贷款审批通过和过户后就是等待抵押证和放款。这就是时间的问题，放款时间无法写入合同，业主无须担心。

十一、没有主见

在整个交易过程中，有部分业主没有主见，什么都听信朋友和亲戚的，自己不会分析判断，有的业主为此就吃了亏。

十二、中途更换经纪人

有些业主在业务中途更换经纪人，这样的举动千万不要做，经纪人用自己几年积累的客户，主推你的房子为你服务，不成功不收取任何费用，如果中途被更换会出现麻烦。

十三、成交细节

业主应在收到定金前提前了解整个交易流程，不要等到收完定金，出现问题，后悔就晚了。

十四、明确自己的诉求

业主必须把自己的内心诉求告诉经纪人，因为每个经纪人提的问题都不同，只有把你的诉求说出来，他才能为你提供满意的服务。

十五、快速交易

卖房前要把室内卫生、物品整理清洁、清爽，不常用物品要归类整理，购房者的第一印象很重要，干净整洁的房屋会增加出售机会，或者可以通过价格稀缺资源达到快速交易的目的。

十六、防止不正当交易

建议业主与客户面谈、了解客户的实力、购买意图、出价的真实性以防止不正当交易。未来二手房交易会越来越正规，越来越完善。

第七篇　营销实战十六式

一、了解需求

作为购房经理人，要初步了解房屋基本情况，包括小区名称、地址、产证面积、几房几厅几卫，是否满五唯一，是装修还是毛坯、装修多久、保养如何、打算多久卖掉（看业主急不急，为下一步谈价铺垫)、付款要求、闲置还是自己住或出租、是否有抵押(有抵押金额、银行还是机构或个人)、看房子时间等，先留下业主电话同时加微信，然后给予合理市场价格，签署委托意向书等相关文件，最后问："有客户确定购买后，产权人能不能全部到场签字？"以体现专业性（如果新人没有了解商圈且未经过专业培训，千万不要接待任何客户）。

二、签署委托要求和独家代理

签署独家委托应特别注意以下事项。

1.业主本人身份证复印件、不动产证复印件、签署房源核验协议。

2.建立信任度，为以后看房卖房达成合作共识。

3.尽量和业主协商独家代理，为他省时省力省心。

4.带业主了解公司模式，告知业主公司的几大经济价值。

5.若房屋空着尽量说服业主将房屋钥匙放在公司，这样可以方便顾客上门看房，有利于成交。

6.必须找到房子的卖点，越多越好，为后续销售做铺垫。

7.专人前往现场拍照录视频。

8.了解房东的性格，有利于交流，更加有利于销售。

那么，如何成功获得委托?

不能获得业主的委托，就无法掌控整体营销主动权，顾客肯定会流失。独家委托，又称"独家代理"，专任VIP委托，是卖方授予经纪人独家、排他性的代理权，独家委托等于业绩完成了一半，卖方承诺即使是通过其他人将该房产出售成交，也会向拥有独家代理权的经纪人支付佣金。

独家代理有以下好处。

1. 避免跑单、避免同行挖房源、与业主建立紧密关系。这样，不但能够保证业绩，还可以吸引客户。

2. 获得更多的收入，成交率高，佣金收入高。

3. 吸引同行合作，吸引业主注意力，获取客户信任，看房更方便。

4. 能够为业主减少骚扰，保护其隐私权。

5. 帮助业主筛选准客户，节省时间与精力。

6. 以房源为中心，经纪人会投入100%精力为业主服务。

7. 提供营销方案。

8. 持续为业主做广告。

以下是适合独家代理的房源。

1. 价格符合市场行情。

2. 业主有明确的出售意愿。

3. 看房方便，业主能够积极配合。

4. 房产位于代理的有效服务区域。

5. 有房产证。

6. 受托人有公证委托书。

7. 产权共有人同意出售。

成功经验表明，经纪人能否获得独家代理，与他能否在房地产中介行业取得成功，至关重要。

展示与卖方房屋有关的销售业绩、团队力量、客户见证资料，找到与业主的共同点，同业主建立牢固的关系。经纪人与业主建立信任关系。

三、评估房源

评估房源需要做好以下三个方面。

1.通过对比，确定最近本小区成交的价格有没有说服力。通过对宏观经济和微观经济的分析，了解客户的心态，了解当下短期的银行政策、审批周期以及放款周期等。

2. 评估房源价格是体现经纪人专业性的一部分，要根据近期成交市场、目前在售的房源挂牌情况、看房情况、成交周期、周边一手房成交价格情况等，给予业主专业的建议。不要信口开河，因为每个业主都希望自己的房子卖到最高价格，所以要用真实的数据说服业主，证明当下的市场情况，让业主认可你的专业能力。

3.综合以上情况和业主心态，给予合理挂牌价格，按实际情况解决业主内心的需求，如业主不听取你的价格建议，可以按照他的心理价格先挂上，如果一段时间后卖不掉，再与业主深度沟通。

四、给业主建议卖房方案

向业主建议最好统一时间看房，这样就不会浪费业主时间，即使房屋正在出租也不会经常打扰租客，集中客户一起看房，采取一周一案，比如，每周六、周日或者某个固定时间统一看房，这样做有利于成交，看房前最好把卫生打扫干净。

提前告知业主你销售的思路，如果客户看中付钱，和业主提前说好收钱方式，如怎么收、何时收等，这里不再详细说明，为了提高工作效率，最后你要再次强调独家代理的好处。

五、让业主配合看房

作为金牌经纪人，首先你要确定业主配合看房时的心态，让业主尽量配合你的时间，主导地位优势。你还要知道业主卖房的诚意度，防止业主“放你鸽子”得罪客户，导致客户流失。不愿配合的业主或者不是你主推的房源，不要轻易带客户去看房，因为客户与你的时间都很宝贵，如果业主不配合，你与客户白跑一趟，客户会感觉你提供的房源有问题，会影响你在客户心里的诚信度。

要让业主配合你看房，首先就要告知业主客户购房的诚意度和真实情况，以表达客户购房的紧迫性，并告知业主客户购买这个小区房子的原因等，让业主感到成交概率特别大，从而积极配合。

要多方了解业主卖房子的诚信度，如果业主的目的是试水了解行情，并不信任你，你需要进一步侧面了解。

六、业主说不急卖

如果业主认为市场非常好，又不急用钱时，那么你不要被业主的强势吓倒，要耐心与业主沟通；即使市场成交量很大也千万别打压业主价格。如果没有其他房替代此套房，或者在卖的房源不多，这套房具有唯一性、稀缺性，而且业主也知道自己房子不愁卖，且并不打算涨价，这都是心态比较好的业主，你需要根据市场行情采取不同方式方法，耐心与客户说明市场成交情况，让客户接受，客户实在接受不了，就推其他房子代替，如果市场成交很火，就算推其他房子也会出现同样问题，这时只能说服客户接受市场规律。

七、预约看房

在预约看房前，要站在业主的立场为业主着想。如每个业主和客户性格不同，报价出价差距很大，第一次面谈成功率很低。

如果遇到这类的客户，你可以这样沟通："陈先生你好，今天上午 10 点我会带客户准时到达你的别墅，麻烦你直接在室内等我们就好。我还有一件事要和你说一下，这个客户比较善于压价。我上次带他去看棕榈泉的别墅，他现场就同业主谈价，结果没有谈拢。一会儿看房时，如果他问到这套别墅的价格，你就说，已经告知中介了，让他直接跟我们谈就可以了。这样一来，我们好协调，毕竟我们对房屋买卖谈价的经验多，我们一定会尽量为你们做好服务，争取让你们双方以心理价位成交。"

八、给业主买卖流程时间

每个客户付款周期不同，贷款周期不同，业主交房时间也不同，每套成交流程不一样，你需要结合当地房地产交易中心流程和银行政策——客户与业主情况算出充裕时间，最好预留一个半月时间，即使遇到紧急情况也有时间处理（每个城市不同，这里不详细说明）。

九、寻找笋盘的方式

什么是笋盘？就是物有所值，如果本小区成交必定是它，笋盘获得的方式就是多维度与业主深入沟通的结果。

业主急售房子时，需要资金回笼套现，作为经理人，要急业主所急，想业主所想。

首先你要专业，对市场要了解，要掌握最近周边房子的成交总价、单价细节，这些都是你与业主谈判的资本。

其次要如实告知业主客户看房后的真实感受，让业主感受你的热情与专业，诚实给业主分析最近的成交情况，作为业主如果想降价出售尽快回笼资金，他会向你交底最低价。如果客户没看中房子或不满意价格，需要婉转告知业主客户需要考虑，顺便再谈谈房价，试探一下业主心里承受价位。没有卖不掉的房子，只有卖不掉的价格。

十、如何跟进无效或暂缓盘

谁也不知道业主哪天想要卖掉房子，这就需要你经常搜寻潜在房源信息，一般主动收集潜在房源信息的业务员，都比同事业绩好，因为他将第一时间获得的信息推荐给客户，说白了客户大家基本都有，即使是同一个客户，也要看谁第一时间能给客户提供有价值的房源信息。

很多业主都把销售经纪人的电话标为中介，无论怎么打都不接。与其不停地打电话，还不如开发更多的房源。如果不停地打电话，直到业主接电话为止，这样做的结果就只会让业主更反感。可以换个电话，以别的中介公司名义打过去，了解业主是不是对所有的中介都反感，但太多的中介打电话，有可能业主对所有的中介都反感了。

如果打通了电话，你可以这样与业主沟通："您好！请问您是业主吗？"

业主："是的。请问你是谁？"

"不好意思刚才忘记向您介绍，我是玖立房地产的小张，明天有特大台风，所以特意提醒一下广大业主明天出行时一定要多加注意（从提醒业主的角度让他产生好感，方法有很多，如发短信提醒业主今天几点停水，请做好准备；打电话温馨提示业主其所在社区发生的事情等）。"

业主："谢谢！请问你是怎么知道我的电话的？"他在感谢的同时，对电话来源进行追查，估计之前受过太多的电话骚扰，这是本能的反应。

"我们公司主要是做这块区域的业务。您在我们公司的数据库里有登记，您以前是不是想出租或者想卖掉房子，我们内部系统有您的电话信息，我刚才就是在数据库里找到您的电话。目前，有个客户急需买入像您这样的户型，因为孩子上学用，价格还是相当可观的，请问您这套房子还考虑出售吗？"

业主："目前市场什么价格？我正在考虑是租出去还是卖了它好。"

你说："需要我帮您分析一下吗？"礼貌地征求业主意见，分析市场成交价格、客户心态、目前的银行政策等，告知业主现在卖掉是最佳时机。

业主："我正想找个房产公司帮我挂牌。"

"那您绝对是找对人了，我现在就有客户想买入您这种户型的房子，客户对您所在的小区也很了解，因为他朋友就住您那个小区（表示客户诚意）。"

十一、如何跟进有效房源

很多经纪人给业主打通电话就直接砍价，既没有使用谈价技巧，也没有看过房，这是大忌，只要是业主都会反感，这就需要经纪人注意以下几个方面。

1.说明打电话的目的，告诉业主目前有客户想要购买业主的房子，与业主确认房子基本信息、价格有没有变动，准备将房子推给客户，告知业主客户的基本情况。

2.告诉业主目前的市场行情，最近业主所在小区的成交套数以及价格让业主参考。

3. 成交不了基本是遇到业主不肯降价，而导致无法成交。业主不肯降价的原因有不了解行情，卖不了就租，或者等行情好了再卖个好价格。

4.你在跟进当中，与业主的谈话都是以谈价格为目的，如果没有将价格谈下来，只能说明你的沟通没对业主起到作用，你也没有把足够真实有效的信息传达给业主。

一般谈价过程分为三段：看房前、看房后、定金转定前。

比如，"高先生您好，我是玖立地产小张，我们店最近两周都在主推您那套房子，我把您的房子在 ×× 网络也置顶了，微聊也有，客户说价格有点高，有个别客户问业主是否诚心卖，高先生您看不如这样，等您隔壁 58 号 801 室卖掉后再主推您这套，因为很多客户都去看 58 号 801 室，那套面积楼层位置与您这套差不多，您的售价为 1200 万元，58 号 801 室业主愿意 1000 万元出手，按照我的经验隔壁 58 号 801 室应该 3 个月内会卖掉，您要是不急就等等。"（试探业主急不急）。

业主："那你觉得我的房子多少钱才会有人来看。"（其实他心里知道答案）。

"我们这套税费稍微低一些，1050 万元左右吧。"

业主："不会吧，这么低?"（他已经默认这个价格，需要给他见证）。

（你所说的一定要真实，不要欺骗业主）不用担心没有见证，本小区和隔壁小区都可以比较和见证。

十二、如何收钥匙

二手房屋，钥匙盘越多就越有利于成交，钥匙房容易制造多人看房场景，有钥匙可以立即看房。如何收到更多的钥匙房呢？除了到别的中介借钥匙的时候尽可能配一些钥匙回来外（业主同意），还可以在业主委托挂牌出售时或在看房过程中，以放钥匙对业主更有利说服业主留下钥匙。

比如，你可以这样说："陈先生，你的房子要保持干净，这样成交快，更能卖个好价钱。"

业主说："工作太忙没时间搞卫生。"

你说："陈先生，不如这样，你把钥匙放在我们这里，我们定期派人打扫。你看如何？"

业主："那你们收费吗？"

你说："我们免费服务，我们会将房子重点推荐出去，还免费做广告。"

你也可以这样说："陈先生，请问方便将钥匙留给我们吗？"

业主："那不行，我房屋里很多电器，弄坏了或者少了找谁赔偿？"

你说："我们会专人保管你的钥匙，有什么问题我们公司负责，你看如何？如有其他公司要看房，我们就拿钥匙去开门，也会关闭水电的，保证你家水、电、家具的安全（贵重物品建议业主自己收好）。"

最后还要让业主明白，独家放钥匙可减少很多麻烦。如果业主还是不同意放钥匙，你可以与他保持联系，经常打电话给业主，让他觉得你很热情、专业、客户多。时间长了，业主与你关系近了，增加了信任感，就愿意放钥匙了。

十三、如何与业主谈价

找出房子 3 个以上的缺点，借助客户的嘴巴与业主进行沟通。

作为业主都想卖高价，从房龄老、市场比较低迷、没电梯、楼层高、靠路太吵、高压线、物业管理差、户型一楼潮湿、交通不好、税费高、漏水、安全等方面入手。

下面举例说明。

"陈先生你好，我是玖立地产小张，请问你龙东花园那套面积 146 平方米的房还在卖吗？"

业主："是的，现在是 1800 万元。"

你说："我的客户看过你的房子，是别的中介和他说的 1600 万元，我今天和你确认一下，是不是价格变动了。"

业主："没有变动，还是 1800 万元。"

你说："这个客户是我的老客户只找我成交，别的公司他信不过的，如果 1600 万元可以，我就劝他定下来（测试业主心理价位）。"

业主："我不急的，卖不掉就再等一等。"

你说："陈先生要不这样，既然你不急，这个价格目前也卖不掉，不如出租出去，还可以租个好价格，不然空着也是浪费（测试业主卖房子的决心）。"

业主："我不出租，还是卖掉吧！"

你说："冒昧问一下，您心里价位是多少？"

业主："有客户接受 1800 万元我就卖掉。"

你说："这样啊！按照我的行业经验判断，1800 万元需要 1 年时间卖掉就不错了（让他觉得时间太久，套现太慢）。"

业主："没事的，这里快通地铁了，房价还会涨的。"

你说："您想地铁是上海的标配，又不是小城市没有地铁（消灭他内心梦想）。像这样的房子以后贷款难度很大，因为房龄老，贷款年限短，客户贷款额度少，压力很大，很多人不会买这样的别墅（给他绝望）"。

业主："1600 万元太低了，我不太愿意（心在动摇）。"

你说："我尽量和客户沟通一下，看他能不能加价 (给希望)，我客户估计加到 1620 万元可以定下来，你看如何？"

业主："太低了。我再考虑一下（犹豫中）。"

你说："我客户今天和其他中介在看你们小区对面的别墅，面积 169 平方米，才 1600 万元，也是在比较。这个客户现金现付，你千万别错过了，这样的客户目前市场很难遇到的，房款一次性付清，失去又要等一年，卖掉立即会有 1600 万元，买个年化 10% 的理财产品，你算一下可以挣多少钱？是不是补回你让价部分了？"

十四、送定技巧和注意事项

1. 预约业主面谈时间，核对不动产登记证、身份证、户口本、结婚证、孩子出生证、离婚证 / 离婚协议，外籍人需要护照，港澳台同胞提供大陆来往通行证，产权调查 (用什么证件买入，用什么证件卖出)。

2. 产权所有人到场签字，18 岁以下需要监护人代理签字，填写家具家电清单。

3.所有产权人签字后，签好佣金确认书，公司代为支付定金，让业主写收款收据。

4.本公司出具不动产权登记证保管收据。

5.转定成功第一时间告知客户完成转定情况，并恭喜客户买到心仪的房子，告知客户按时间准备首付和相关材料，准备网签房屋买卖合同。

如有其他客户出的价格更高，应告知客户真实情况并建议提价，若时间允许可到场面谈。

在送定过程中还未送定成功，客户因为家里情况无法购买，你应该立即停止交易，不要损害客户利益。

合同补充部分不能写入任何承诺，承担不了责任的就不要承担。若顺利成交让客户与业主配合做客户见证。

十五、转定解答

业主会问你的合同条款怎么没有银行放款日期呢？你要告诉客户，客户的抵押贷款由银行支付，由于银行政策多变无法写入，银行会把剩余的贷款部分直接支付到业主指定的账户，产权转移时间可以写入，银行同意借款审批成功，业主拿到贷款合同后方可交易。产权转移交易虽然有时间期限，但银行放款需要按照流程走，你看我们交房的时间也写入了，只有等待银行放款后才会交房，对你来说没有风险，二手房买卖就是这个流程，大家都是这样的。

十六、成交后业主违约信号

对于转定成功后，你也会遇到业主违约的情况，因为好的房子客户多，竞争激烈。

有些不良的同行会挑拨是非，业主听后会反悔，因此转定需要通过协议约定，以防业主反悔。

当然也有一些客户会翘边，出的价格比你的客户成交价高，可以让客户定金支付多一些，这样如果业主违约，要赔付客户高额违约金，因违约成本高，业主违约可能性会小很多。

以下是违约信号。

1. 业主突然借口需要不动产证，理由是贷款所需，作为资产证明（资产证明银行复印件就可以）。

2.孩子报名学校需要核对一下，这种情况，你应该陪同过去办理。

3.开始制造各种问题，付款久了、首付低了、交房早了等。

4. 借口对房产交易不熟悉，糊里糊涂签字了。

这个时候需要当面安慰业主，详细了解内情，并告知利弊，毕竟交易流程还久，你们还要见面(这种情况市场成交火爆会经常出现)。

如果业主真要是想违约，就按照协议违约条款解决，业主需要承担违约责任，并移交法务部处理。

第八篇　如何买到满意的房子

作为客户，你是不是一直没有买到满意的房子，不仅耽误时间，而且身心疲惫，甚至影响工作。下面给你梳理一些实用的方法。

一、了解自己需要什么

对于总价、区域配套、面积、地段、交通、小区环境、医疗等，这些需求中哪两个是你不可缺少的需求，锁定它们，并针对你的这两个需求寻找。

二、你是不是没有找到专业性强让你放心的经纪人

你如果没有找到专业性强让你放心的经纪人，那么你买房不但吃力，也会浪费时间，更加不可能买入低价的房子，甚至还有可能买入高价位、有风险的物业等。

要想找到好房子，首先需要多比较几个经纪人，看他们综合能力、人品道德（这个最关键）、形象、房源熟悉度、专业知识、区域分析、报价沟通水平等。

三、如何快速买到便宜的房子

一般建议客户在市场低迷时买房，不要在成交高峰期入手，更不要有从众心理；但是也别想抓住最低价位，这种心理是幼稚的，只有市场低迷你才有机会甚至有更多机会去选择，更容易砍价。随时关注市场信息，抓住点位非常重要。

四、你是否担心房子买贵了

你决定买入之前应初步了解有意向社区的成交情况，以及最近的成交价格也就是市场价格，你也可以以房东身份向房产中介了解，以及去了解市场，得到的数据也许会更加真实。你也可以与周边同级别社区对比，这样你会心中有数，可以帮助到你做出正确选择。

五、你是否愿意接触陌生经纪人

很多客户不愿意接触陌生经纪人，导致房子买入需要很长时间，价格还高于市场价。买入与卖出是同样的道理，货比三家不吃亏，在我们身边经常发生客户买入价高出市场价30万~50万元，这是因为太相信一个人或者一家公司就容易看不清真实的市场环境。客户应适当接触并了解一下其他经纪人，寻找一个能最大限度帮助你的人。

六、你是否对未来市场感到迷惘

置换新房的你不用担心这么多，毕竟是要购买自己住的房子，但对于投资客来说，此时购房利润很低，甚至快速套现时机已经过去。因此，需要做好长期投资准备，清醒看待未来市场。

七、担心买贵就找优质中介公司

在选择中介公司时，要多家比较一下，也别看不起小中介公司，有时小中介公司的谈判能力会超乎想象。成交之前要查看不动产抵押情况，整个交易流程都一样，房款不要打入房产公司账户。

八、不知道如何买入

将购房计划详细梳理一遍，根据自己实际情况和选定区域寻找你要的楼盘，如果这个小区能满足你第一、第二需求，那么可以看看，如果三个需求都满足就更加合适了，把小区合适的房子都看完后，心里基本就有数了。

九、不知道怎么买

看房后的关键点在于价格、交易、资金、安全等问题，这些都需要认真思考。

此时你可能担心房子有其他看不见的问题或怕价格高，这种纠结是正常的心理反应。可以先做初步了解，待第二次复看时，认真了解业主情况和价格以及付款要求等情况后，再作决定。

十、你该怎么买

当你找到满意的房子，并且价格、地段等都满足自己的需求，就不要在签订协议时犹豫不决，担心买贵了（这是前期已经了解的），这种心理也会导致无法成交，错过好时机，毕竟你喜欢的别人也会喜欢，这个世界做任何事情都要先人一步。

十一、担心自己的贷款

你可能会担心贷款审批不下来，这个需要提前打征信报告，联系银行询问情况，并告知银行自己的真实情况，银行会给予明确答复。一般合同会写入贷款不足、买方需要在过户之前用现金补足的条款。

十二、没有主见

如果你没有主见，看房时会带上朋友亲戚，但人多嘴杂、众口难调，这会让你更加迷惘，贻误购房时机。

十三、资金没到位

置换客户一般都会遇到这样的问题，自己的房子刚卖掉，看到喜欢的房子不敢入手，因担心资金不能及时到位而违约。这样的客户有很多，一般都是和业主谈好付款方式，争取足够的时间准备资金。

十四、资金不足

资金不足的问题也很常见。有些客户预算了一笔钱去看房，越看条件好的越满意，差一点的房子看不上，结果买了条件好的，首付不够找人借款，整个流程虽然完成了，但后续生活的压力却很大。如果后期政策调整，工作变动，房价稍微降下来一点，心理和生活都会受到影响，因此，做什么事都要量力而行。

十五、成交细节

在支付定金时需要提前了解整个流程和时间，可以让经纪人帮你整理出来，因为每个成交的房子情况不一样，所以流程和时间也不一样，这样可以清楚地知道付款周期、贷款周期、还款时间和利息、交房时间、装修款预留等信息。

十六、明确自己的诉求

要明确告知经纪人自己的诉求，每个经纪人提的问题都不同，只有你有诉求才会有需求，有需求才能交流，通过交流了解经纪人，才有可能与经纪人成为朋友，经纪人才会提供令你更加满意的服务。有交易就会成为朋友，就会为你提供满意的服务。

十七、买入方式

当你确定买入后就需要支付定金，定金在总价的5%~10%比较合适，定金太少容易出现违约风险，这种情况多发生在房价上涨时期。

十八、成交后的心态

很多客户成交后常会出现后悔甚至违约的情况，不要听信无关人员说买贵了，或这里不好那里不好一些负面的信息，既然已经成交，就要坦然面对。

第九篇　精准锁定客户的技巧

一、客户画像的意义

如何在茫茫人海中精准筛选出目标客户，减少因客户不精准而造成的公司人力、物力、精力等各项资源的浪费。这就需要中介公司重视客户画像在营销中的价值，如果客户画像不够精准，后期就会造成营销策略出现偏差、资源浪费等问题。所以，客户画像是营销中的头等大事。

二、客户调研

谁是你的客户？他们的需求是什么？要对以下四个问题进行认真调研并画像。

1.地理区域：省、市、区、县。

2.人口细分：年龄、性别、家庭、教育。

3.购买行为细分：购买时机、环境、购买方式。

4.消费心理：个性、收入、生活方式。

三、客户定位

客户定位，要先选择目标客户，了解客户的价值观、行为方式等。

因为目标客户的定位决定了房源、价格、渠道、推广方式等。

四、为什么要对客户进行定位与管理

1.改变你的思维模式

有的人认为，我尽力把自己的事做好就可以，其实这种思维早已落伍了，应该换一种思维，即要以客户为导向，从客户的角度出发。

2.中高端是大趋势

随着人们的收入越来越高，未来的终端市场，会有无数的优质品牌产生，中高端是大趋势。

五、客户定位三个切入点

客户定位应从以下三个层面进行切入。

1.锁定高端客户，利润来自高端。

2.锁定低端客户，在低端里找高端。

3.细分市场，80% 业绩来自高端。

六、客户定位的三个原则

客户定位应遵循以下三个原则。

1. 要选择有溢价能力的行业，追高不追低，只有能够溢价的行业，才能创造奇迹。

2.一切以利润为导向，锁定中高端客户，任何一家企业持续成功一定是切入中端、中高端或高端。

3.不要看生意好不好，要看利润好不好，只有能够溢价的行业，才能创造奇迹。

七、客户开发

开发客户有以下几种方式。

1.上门客户——一般是客户主动上门寻求服务。

2.驻守客户——在小区入口守株待兔。

3.派单——地铁出口、小区出入口、人群多的地方等派发宣传单。

4.打电话——与老客户保持联系。

5.同行——移动跟踪或与之合作等。

6.维系老客户——置换的业主卖掉再次购买。

7. 网络——（抖音、快手、小红书、安居客、搜房、58 同城、赶集网等）。

8.老客户介绍——给予老客户一定好处（如现金和礼品等）。

八、网络开发客户——房源描述和关键词

1.房源承诺——真实性 + 短文。

2. 房源优势——必须自己编写房源优势内容，可包括稀缺性、紧迫感、赠品、零风险、承诺学区房、婚房、地铁房、免税房、业主急售户型、面

积、价格、装修、朝向、建筑年代、楼层、物业、位置、小区环境、交通、特价、周边配套、终身价值等（一个房源用3~5个）。

3.公司社会形象——市场占有率、公司规模、房源量、安全保障、专业性、权威机构荣誉、公益、领袖见证等。

4. 自我介绍——介绍自己的故事，包括从业年限、服务范围、个人荣誉、成交经验、服务内容、个人优势、工作理念、成长经历。

5. 短文——按照客户的需求，通过房子的特点和功能给客户一个满意的结果。

九、网络接待客户

很多客户通过网络看了推荐房源后，都想直接获得他们感兴趣的信息。所以，经纪人除了稍微谨慎一点报房源信息外没有其他选择。如果你对客户询问的房源不熟就赶紧登录网站去查找，看看自己的报价回忆一下这套房子的基本情况。然后策略性地引导预约看房。如果客户问房子还有没有，不要一口否定，要尽可能在电话接待的时候将客户的大致信息挖掘出来，并引导其来看房。不管你如何应对客户的询问，都要在谈话中尽量让自己说话的态度诚恳，不要给客户留下“油嘴滑舌”的印象！一样的话，从不同的人嘴里说出来就会不一样，原因就在于语言包含的感觉不同。而感觉是有穿透力的，想要表现出色且令人印象深刻，平时就要反复不断地积累和练习，演习是锻炼话术的最好方法。

（一）针对“房源情况”的回复与应对

以下是针对“房源情况”的网络回复与应对。

1.“房东在外地，对上海市场价不是很了解，他给我们报上来的确实是这个价，不过以我的经验来看，还是需要再稳定一下。现在这个报价，确定是最低的，很多客户也都在问，不然您先给我留个电话，我找两套差不多的房子咱们先看看，喜欢再商量（初步确定需求，需要做的就是留下电话，稳定客户情绪，引导客户看房）。”

2.“我们正在带客户看呢，房东着急用钱，昨天晚上刚报上来的，您应该知道 ×× 社区卖这个价绝对是便宜的。您这边方便现在过来吗？我可以在这边接您（先制造紧张气氛，引导客户看房，见面后再落实细节）。”

3.“好像已经卖了，房东在我们隔壁店刚刚谈完（或者现在有客户正谈），这个号码是您的手机号码吗，我打个电话再确定一下，5分钟之后给您回过去（3分钟后），××先生，这房子现在还没有签呢，钥匙被我要过来了，现在能过去看，要不您现在过来吧。这个价钱在市场上确实相当难找！另外，刚巧有一套性价比不错的房子，也是今天晚点能看，您过来，我顺便帮您约一下一起看看（表现出你的服务意识，先引导客户来看房并且准备备选方案，如果看不了或被卖了再转到备选房源上）。”

4.“我没发过，帖子是房东发的，他着急卖又没时间，我跟他关系特别好，我手上有这房子的钥匙！”针对网络上发布房源的基本信息描述特别少的房源，这招以不变应万变。

5.我们当然也可以说房子没有了或者房子的价格不是真实的，但是关键是稳定客户，了解客户需求，引导他来看推荐的其他房子。例如，你可以这样说：“陈先生，不好意思，我们这套房子卖了，不过今天我们刚刚上了一套性价比更好的房子，我还没有来得及发上去，一样是一套三居。”挑选一套手上有钥匙的三居的房子推荐给客户，并在推荐之后，与你发布的三居做对比，突出一下为什么你推荐这套新的房源。将客户的注意力转移到新房源上，因为客户都喜欢更新鲜、更好的信息。

从客户的角度分析，他也会觉得这个经纪人似乎是在给他更好的建议，对你的好感度也会增加。

(二)铺垫客户不再找其他同事

1.“我们房源都是共享的，您找我算是找对了，我是我们公司12月份的销冠，我肯定能帮你找到房子。”

2.“您有没有跟我的同事联系过？如果有，找他就可以了。”在表现自己大度的同时推销了同事。

十、客户价值观分类

1.家庭型——家庭第一，重视安全感。

2.模仿型——需要自信以取得异性的认同。

3.成熟型——需要与众不同。

4.社会认同型——有智慧，愿意为社会作贡献。

5.生存型——便宜省钱。

十一、说服客户的逻辑思维

1.确定决策者—说服决策者。

2.耐心听完客户提出的陈述。

3.确认抗拒—解决抗拒。

4.分辨真假抗拒。

5. 锁定抗拒点。如:“这是不是你唯一的问题,除了这方面还有没有其他原因?”

6. 取得客户承诺。如:“如果我们解决这个问题的话,你能否立即做决定。”

7.再次框式。如:“我知道你是一个讲信用、言行一致的人。”

8.合理的解释。

十二、了解客户需求

在营与销结合的时代,销售过程中最困难的是了解客户的需求,知道客户在想什么。

人的心理过程:刺激—欲望—购买—平衡。

人的需求由低向高,即生理需求—安全需求—社交需求—尊重与爱—自我实现。

人类的行为动力,要么逃离痛苦,要么寻找快乐。

通常我们使用危机营销法和催眠法,以便找到客户内心真正的需求。

你要思考你推荐的房源能为客户解决什么问题,能给客户带来什么快乐,以及荣誉、精神等需求,同时客户购买后能带来什么结果。虽然客户不会为产品买单,但客户愿意为结果买单。

人性购买需求,不是房子的本身,而是功能、特点、好处等利益以及隐藏利益和深藏利益,所谓隐藏利益和深藏利益是指客户关系的维护和交往,还有客户的情感、感受和信任。如果客户不信任你,便会拿“价格不便宜”“质量不好”回绝你,因此,你要用心研究与客户建立信任与情感的策略。

人性营销沟通方式,即认同—赞美—转移—反问。

认同,不等于同意,认同的意思是同情、理解和宽容,如“我能理解你”“这个问题很好”“你说得很有道理”。

赞美，它是世上最动听的话语，能让被赞美的人心情愉悦，有利于打动人心，进行情感交流。

转移，把想要表达的意思悄悄向前推进，转移语言有五种。

一是分解主题。如："你的意思是……还是……"

二是偷换概念。如："这说明……只是……"

三是说明举例。如："其实……实际上……例如……"

四是顺势推理。如："所以说……"

五是归谬引导。如："如果……当然……"

反问，当你和客户交流的时候，最后的语句是结尾式还是反问式。反问式的句子很多，如"是不是""可以吗""你知道为什么吗""好吗"，等等。

用心倾听，站在对方的角度感同身受地去听。

连环发问技巧，像医生一样取得客户信任，连环发问以找到问题的症结，为客户提供解决方案。

与客户沟通发问策略有三种。

第一，封闭式，确定对方答案，回答"是否"两种。

第二，开放式，让对方滔滔不绝地讲述，怎么样……为什么……

第三，引导式，在假设前提下的选择，引导对方思考得出结论。

像记者一样准备问题，像律师一样引导问题，像医生一样给出解决方案。

要想了解客户的生活方式，具体要了解以下几个问题。

1.几点起床、几点睡觉，只有了解客户的生活习惯并与他同频，同频才能交流，交流才能有交情，有交情才能有交易。

2.读什么书、看什么报纸杂志、上什么网络等，拉近与客户的距离，同时，也决定了他对你的态度。

3.客户喜欢哪个电视台，收听哪些广播。

4.买什么品牌的衣服，开什么车子。

5.喜欢在哪里购物？

选择合适的沟通时间，可以事半功倍。

与客户沟通一般不在客户上班时间好些，上班期间谈私事不太合适，客户也不会和你尽情沟通。但有不少客户下班后也很忙的，按实际情况而定。

也有些客户已经退休或者不用上班，白天时间比较方便。

人在不一样的环境中，心情也是不同的，你如果联系的时间不合适，影响客户正常生活、工作容易引起对方反感，本来可以谈成的，但在这种情况下会难以达成目标。

在联系客户时，可以根据他们的生活习惯来决定，对已退休的老人来讲，一般晚上看完新闻联播就休息了，如果有的老人替子女接送孩子上下学，也无法与你详细沟通。

如果事情紧急，在电话接通后，要问："×　×现在方便接听电话吗？"征求对方意见后再沟通。

十三、了解客户对房源需求

1.问清客户想买哪个小区、多大面积、心理价位、对学区房的要求。

2. 何时买。比如，现金在手、自己房子已经卖掉，看中就出手的顾客，是高度需求客户，需要投入大量时间和情感在他们身上。

3. 为何买。了解客户为何购买，是自己住，还是投资，或是给老人或孩子。

4.怎么买。了解客户的付款方式，是一次性付款还是贷款。

5.何时使用。了解客户入住时间，推算入手时间，客户在不同时间购买房子，愿意支付的金钱不同。

6.了解目前市场和客户需求是否有差距。比如，是否与客户心目中的装修、学区、楼层价格接近，如果不接近需要改变客户预期，降低他的标准。客户永远希望购买物超所值的房子，你要站在客户想买的立场上把你想卖的卖给他。

7. 客户基本需求包括学区、医疗、商业、交通这四项让客户保留一项，问客户保留哪一项。如果客户想要保留两项，你要引导客户选择其中一项，你必须问出高质量问题，这样你才能找到客户的第一需求。

8.发现客户需求，满足客户需求，是你开单的保证。发现别人需求的能力，就是你赚钱的能力；解决别人需求的能力，就是你的水平。

十四、客户维度分析

(一) 高度需求型

1.已经了解本区域，但还在犹豫，有看跌心理。

2.手里有现金，需要为客户找到购买的理由，这样才能促使其成交。

3.担心房价还会涨，通货膨胀，钱不值钱了。

没有需求就没有销售，客户在不同时间购买房子，愿意支付的成本是不一样的。

（二）高购买力

1.客户有购买力，能够买得起，而且能持续购买。

2.因为佣金高，你就可以给很多人让利，不仅合作伙伴多，而且合作质量也很高。

3.高端客户背后的资源比较多。

4.高端客户忠诚度高。

5.高端客户可以带给你更多的附加值。

6.高端客户少，服务起来容易，可以集中资源，客户满意度高。

7.有钱的人最怕花不掉钱。

8.因为你比较自由，三年不开单，开单吃三年。

9.有更好的圈子，有更聪明、更有能量，更有资源的朋友。

10.目标客户对价格敏感度低，不易受宏观调控的影响。

11.当地购房者所占比例高，且其中多以自住为主。

12. 客户大多有购房经历，且多次置业或终极置业者较多，对私密性等方面要求很高。

（三）高决策权

1. 在家里有决策权的客户，可以自己做决定是否买进（没有决策权的，看房时与决策人一起）。

2.做好前期铺垫工作，夫妻双方同时到场，赠品诱惑促使成交。

（四）客户等级

1.居住需求。

2.安全需要。

3.社交需要。

4.尊重需要。

5.自我实现。

十五、客户分类

1.自己房子已经卖掉了，想置换新房，现金在手随时购房，购房要求接近市场，很容易成交，你必须每天跟进并配对房源。

2.客户手持现金，没有主见，有捡漏心态，对未来市场感到迷惘，这需要每天联系并告知其成交情况，以增强他的信心。

3.钱不到位，置换的房子没卖掉，提前了解市场。个别人看到满意的房源也会购买，付款周期必须谈好，给他十足安全感。

4.错过太多购房时机，虽然心态已经崩坏，但每周还要跟进一次，询问房子、价格等，他不要的房子推给其他客户基本立即成交，把此类客户当情报员，慢慢建立关系，当作朋友慢慢变成第一类客户。

营销就是过滤客户，做有效率的事情，选出合格的客户，就是高效率。

十六、语言艺术

语言是能量的载体，应用好语言艺术，可以提高沟通效率，增加成交量。

(一) 三步产品介绍法

第一步，特点。周边唯一的岛屿。

第二步，功能。自然氧吧。

第三步，好处。亲近大自然，呼吸新鲜无污染空气。

(二) 三句说服法

第一，事实。很多成功人士买这里的别墅(客户见证)。

第二，身份。作为一位成功的人士，应该值得拥有。

第三，指令。你应该买这样的别墅。

(三) 四句说服法

1.好处——如果你希望有优质的度假去处。

2.指令——那么你应该立即订下这套别墅。

3.事实——因为很多客户已经买下了(客户见证)。

4.反问——难道你不想拥有这样的别墅吗?

十七、六句说服法

(一) 商铺

1.俗话说“一铺养三代”。

2.这是靠近闹市最好的商铺。

3.租金可以让你衣食无忧。

4.这是对家庭负责任。

5.你买下这个商铺到手即赚钱。

6.买下这个商铺是最好的创业。

(二) 住宅

1.你应该买下这套别墅，为了家人和自己的健康。

2.因为很多人买这里的别墅，都是为了呼吸新鲜空气，为了度假养老与健康。

3.难道你不希望与家人一起享受大自然的新鲜空气吗?

4.家财万贯，不如健康重要。

5.没有健康的身体，再多的钱也是别人的。

6.作为这么成功的你，肯定需要健康，也希望家人健康。

十八、情境说服法

情境说服法。如“当你买到这套别墅，你会发现父母和爱人的笑容更多了……”

否定说服法。如：“你不一定要买这套别墅，除非你不想让自己有更大成就，让自己有更大动力赚钱。”“难道不想家人的笑容多一些吗?”

第十篇　营销客户实战

一、礼仪接待

当看到客户站在店门口观看房源时，通常很多经纪人的做法是立即起身来到门口，对客户说："先生 / 小姐，请问有什么可以帮到你？"而客户经常会说随便看看，客户这样说是有原因的。

有的客户想了解一下目前房地产市场的行情，真的只是随便看看；有的客户还没有看到想买 / 想租的房子，不想过早接触经纪人。

不管是哪种情况，客户都对销售人员筑起了一条心理防线，任何不合适的言行举止都可能导致客户立即离开。

遇到这种情况，你一定要用话术让客户在 30 秒内对你的话题感兴趣，并接受你的邀请，到店内坐下详谈，从而进一步了解客户的真实需求。否则，客户会在 30 秒内离开。

经纪人可以这样说："你好！先生 / 小姐，请问有什么可以帮到您？"

客户说："我随便看看！"客户筑起心理防线，想摆脱你。

"昨天有个业主刚挂牌一个超值盘，他因急着筹钱降了 30 万元，你有没有兴趣进来了解一下？"很多人都有占便宜的心理，这就可以吸引客户进店了解并详谈。

经纪人也可以这样说："你好！先生 / 小姐，请问有什么可以帮到您？"

客户说："我随便看看！"

经纪人："昨天有个业主因要调到外地工作，着急卖房，不知你有没有兴趣进来了解一下？"

一般以下三种方法十分有效。

1. 出国。以业主出国急卖为理由，让客户以为有便宜可捡。

2. 筹钱。以业主筹钱、降价等为理由，让客户想捡便宜。

3. 生病。(不是真实情况不能使用) 业主家人需要钱治病等，让客户产生捡便宜的心理，突破客户的心理防线。

客户进店后，经纪人要提供优质服务，并详细了解客户需求。

接待过程要正常目视对方鼻子以上，不要上下打量顾客或左看右看，更不要有小动作，比如，摆弄自己手中的笔。

二、客户不是被你吓走，就是被你气走

1.客户在店门前十几分钟，也没有人前来接待，客户走了；客户前来询问，回答不规范，客户离开。

2. 客户在看门前的房源信息，你出现在他 / 她身边，突然说话，把客户吓一跳，与客户接触必须有距离感。

3. 你不专业、不规范的行为都有可能把客户气走，这就涉及你的专业度。一般来讲，你必须在专业知识、礼仪、市场、精气神、销售技巧等方面进行专业训练，用规范标准的销售流程招待客户。

4.专业知识、从业心态、技巧等在很多房地产公司都会为此进行专业的培训，专业的你一般很少犯这方面的错误。很多经纪人在看房的过程中没有把握好保持距离的原则，要根据与客户关系的好坏保持相应的距离。

5. 第一次接待客户，与客户保持 3 米左右的距离，并说："× × 先生你好！请问有什么可以帮到你？"

6. 带客户看房时，距离要保持在 1 ~ 3 米，如果与客户第一次接触，关系比较陌生的话，距离要保持在 3 米开外观察客户，客户一有问题就要出现在客户面前。

距离客户 3 米，你脸上要有笑容。

距离客户 1 米，要开始和客户说话。

客户初次看房或者在看房源信息时，应与客户保持 1.5 ~ 3.6 米的距离。

与客户建立良好关系后，距离客户 1.5 米以内。看房过程指引客户听从你的安排，增强客户的信赖感。

三、如何留下客户电话

在接待过程中客户怕经纪人要电话。主要原因如下。

1.客户怕你经常骚扰他，影响他的生活。

2.你给他留下的印象不好。

3.你推荐的房源没有价值。

初次接触也要了解客户基本需求，不要乱推房源信息，你必须像中医把脉一样，提出高质量的问题。

在小区驻守客户上门，了解客户基本需求后，根据客户需求，推荐笋盘并立即看房。

看房途中闲聊你的工作年限、个人荣誉，体现你的专业度，同时设计好下次再看的房源，把更加适合客户的房源介绍给他。

可以在看房过程中与客户要联系方式或加微信，表示不会骚扰他，没有特别急卖的房源不会给他打电话，有急卖的业主可以第一时间找到他，一般情况下客户会留下电话号码，不要看房完成后送客时才要。

四、客户主动上门再谈看过的房源

当客户进店再谈看过的房源时，一般情况是别的中介没有满足他心目中想要的价位，说明客户非常喜欢这套房子，想换人帮忙谈价，或者就是挑中介，为了少付佣金，上门的客户我们就不能放走他，就算成交不了该套房子，也可以推荐类似或更好的房源给他。

应搞清楚客户的买房原因，哪一家中介带他看过，给他什么价格，了解客户足够的信息以及购买欲望的程度，同时了解业主心态或降价程度，快速与客户商议交意向金，不能让煮熟的鸭子飞了，如果客户交了意向金，你就掌握了主动权及控制权，即使成交不了，也可以有推荐其他房源的机会；即使谈不到更低价格，最后仍按客户所讲的价格成交，但在佣金条件上也将有更多的主动权。

五、配对房源的技巧

经纪人如果推送房源太多，有时会造成客户难以抉择；如果推送房源太少，客户会感觉公司没有资源，会动摇客户对公司的信任度和忠诚度。

在客户进行房源配对时，如何做到恰到好处呢？这就需要分析目前的购房进展情况，配对自己熟悉的笋盘，并对客户进行笋盘分配，因为笋盘是最容易成交的。

根据客户的需求、房子的卖点，配对相符或接近客户要求的房源，这样成功率就会大增。

对于急于购房的客户，不了解市场、不知行情及对自己的要求也不十分清晰，应让客户多看多比较，这样更容易获得客户的信任，成交率更高。只是你会辛苦一点，要保持勤快，多跟进客户。

对已经看了很多楼盘，对市场很了解，对自己的需求很清楚的客户，应有针对性地配对笋盘。

配对房源总价最好高出客户心理预期 10% ~ 20%，这样有利于测试客户承受力，有助于更好地了解客户的真实预算。

面对第一次接触看房的客户，应为其配对 5 套以上的房源，越多越好，以创造和客户多交流的机会，进而了解客户需求和建立信任度，同时让客户尽快了解市场。

面对第二次接触看房的客户，应配对 3 套以上，让他继续比较市场，建立信任度。

第三次接触看房的客户配对 2 ~ 3 套房源就可以，这时候客户对本区域也比较熟悉了，应该引导、建议客户确定哪套合适，为他分析购买的理由。

通过目前市场成交情况，让客户永远觉得市场如此火爆，进而刺激客户的购买欲望。

六、预约看房技巧

必须配对与客户需求接近的房源进行预约看房，主要找到每套房子 3 ~ 5 个优点，并且通过数字化（如低于市场价 100 万元）和画面场景（如景观非常好，坐在客厅就可以看到江景，一眼望去就是一幅画）的介绍，吸引顾客购买。

也可以针对 A、B 客户使用危机营销法，提醒客户看中该房源的其他客户很多，如果不及时定下来，很快就会被别人买走。

七、电话预约看房话术

在房屋销售活动中，电话预约是重要的一环，不可轻视。电话预约要注意客户的语音大小和语速快慢，首先找到客户这些特征，迅速进入他的频道，与他同频，让客户感觉你们是同类人，这就是见什么人说什么话，不然对方会听不懂或对你说的话不感兴趣，无法继续与你沟通。

（一）客户首次看房预约通话技巧

举例如下。

陈先生您好！我是 ×× 地产小刘，给您打电话主要是给您推荐几套合适的房子，业主挂牌才一天，请问您方便接听电话吗？（重点提示：价值 = 利益 + 体验感）

房子面积是145平方米，3室2厅2卫，装修50万元，位置是××楼××层。只要1000万元，这个小区像这套户型的房子毛坯都1000万元了，位置没它好，楼层不如它，您知道这套房子为什么价这么低吗？因为业主在别的区域已经定房，业主急需卖掉，不然他定的房子会违约的（客户需要知道因为……所以……）。

请问您现在有空吗？现在过来看？明天上午或者下午？

(二) 二次看房预约沟通技巧

举例如下。

陈大哥您好！我是××地产小刘，上次给您推荐的房子卖掉了，还有一套和成交的那套差不多。房子面积是145平方米，3室2厅2卫，毛坯的，位置是××楼××层。只要1000万元，位置、楼层也比上次看的房子好。

这套业主也是急卖的，因为业主出国，急于出手。最近一个月卖不掉就委托给朋友代为办理，他先出国处理事情（推每套房子找到不同的因为……所以……），陈先生这次机会不能再错过了，请问您现在有空吗？晚上也行的，相信我给您推荐的房子都是最好的，您最好带上家里人一起看，以便尽快定下来（故事导入）。

(三) 第三次预约沟通技巧

举例如下。

陈大哥您好！我是小刘，您现在有空吗？刚出来一套房子和上次卖掉的差不多（重点介绍主推房子的卖点、好处以及价值）。

房子面积是145平方米，3室2厅2卫，装修30万元，位置是××楼××层。

这套业主最低价格1050万元，满五唯一，税费很低，这套房子本来已经卖掉了，是我同事客户违约了让出来的，因为客户资金问题没按时支付首付款。

这次你不能再错过了，如果看中了，为了保险起见，我建议您多支付定金，毕竟这套房子便宜这么多，房价还在涨。

总之，预约看房首先必须说明因为……所以……给客户带来什么结果。其次导入故事，买入后的入住场景，让客户感同身受。记住，预约看房不成功，就是现场看中成交概率也会大打折扣。预约看房沟通是为现场看中后尽快成交做准备的。

八、紧急预约看房技巧

很多经纪人看房量太低，每周只有 6 组甚至更低，有很多原因，如客户开发、业主笋盘太少、沟通不畅、不懂电话预约技巧等。

紧急预约看房技巧，一般预约用渴望—绝望—希望—结果再加上紧迫性—稀缺性—价值，这几种方法非常实用、有效。

“陈先生您好！我是玖立地产小张，业主刚刚挂牌的房子，楼层、位置、学区、面积全部满足您的需求（渴望），您现在可以过来吗？”

客户说：“我上班呢，周末我过去看。”

你说：“这套房子等不了周末，也就这两天就会卖掉（急迫感—绝望）。”

客户说：“有那么抢手吗？（想知道价值）”

你说：“因为业主置换，价值 40 万元的新房子定金已经交了，很着急的，所以价格低于市场价 50 万元，还送进口家具家电（好处价值）。”

客户：“我再买其他的房子吧。”

你说：“其他房子不可能有这个价格、这个位置、这个楼层，错过这次机会，增加 100 万元也买不到这样的房子（稀缺性）。这么好的机会你错过就损失 100 万元，如果可以您现在请假过来，我在小区门口等您，越快越好，最好带钱看中直接定房，我相信您一定会中意的（希望）。”

另外，运用拒绝营销法，也很有效果。很多经纪人不敢拒绝客户，其实大胆拒绝不一定是坏事。

记得 2005 年 7 月，我刚送走看房的客户，电话就响了，是一位也要看这套房子的客户，我就大胆直接回绝了，我说：“这套房子我建议您别看了，客户看中了，说下午 3 点过来公司付钱，我给您介绍另外一套吧。”客户说：“没关系，我看看可以吧？”钥匙在我手里可以随时看，我就答应了。这个客户气喘吁吁跑过来，正看的过程中正好同事有一组客户也过来看房，这个客户就直接拉我进卫生间，吓我一跳，偷偷在我耳边说：“这套我要了，我给你双倍佣金，现在去你公司交钱的话需要多少？”我说：“10 万元定金。”客户立即答应了，当即去公司签协议，支付意向金。整个成交时长不足 1 小时。

九、电话预约看房的三个步骤

电话预约看房的三个步骤如下。

1. 陈先生您好，明天上午 10 点我在龙东花园小区门口等您，另外有件事想提醒一下您，就是不要同业主谈价钱，以免他认为你很喜欢这套别墅，到了真要谈价钱时，反而就谈不下来了（给客户“打预防针”，预防客户看房时直接同业主谈价而陷入僵局）。

2. 陈先生您好，今天上午 10 点我在龙东花园门口等您，对了，还有一件事要同您说一下，您看房的时候，最好不要主动同业主谈价钱，否则，业主会以为您看中了这套房子，到时会增加价格谈判难度（以为买家着想的立场来“打预防针”）。

3.这个业主很精明，上次有个客人喜欢这套别墅，就直接同他谈价，结果，这个业主不仅不让价还涨了价。等一下看房时，您千万不要和他谈价钱。要不然，咱们后面谈价的工作就会非常艰难（你所做的是为双方顺利成交）。

当然，也有第一次看房面谈成功的，这主要还是看你的协调能力。

十、看房途中注意事项和沟通内容

你需要提前 10 分钟到，选择环境好的路线，多介绍房子卖点、价值、好处等，以加深客户好感度，提升购房者的信心和购买欲。

注意突发事件。如果业主临时调价以及无法看房，要耐心安慰客户，带领客户转看下一套房子，最好向客户亮出你与业主的聊天记录，客户一般可以理解，防止客户对你失去信任。

十一、看房目的

看房目的主要有以下几个方面。

1. 加深客户对公司品牌及个人服务的印象，建立信任度。

2. 间接了解客户的工作、家庭、生活特点以及决策人。

3. 了解客户的购买能力和比较关注的问题，并给予解决方案。

4. 利用所学习的销售方法说服客户购买主要想成交的房源。

十二、看房前的准备工作

看房前的准备工作主要有以下三点。

1. 准备好看房相关工具。例如，看楼协议书、地图、名片、交易流程、计算器、手机、笔 2 支、指南针、卷尺等。

2. 准备拟推各楼盘的资料，并了解各楼盘的不同卖点，针对客户拟订推广计划。

3. 看楼前必须请客户签看楼协议书，看楼协议书一定要写清楚客户的身份证号、电话。

十三、经纪人十大口诀

1. 见客要“打预防针”。
2. 更新楼盘必须细。
3. 说服业主小换大。
4. 谈单秘密要保守。
5. 客户还价要说不。
6. 双方谈判要抓紧。
7. 还价业主要够狠。
8. 出价不卖为标准。
9. 电话给客必打通。
10. 转定不快非好汉。

十四、同行看房套房源怎么办

很多老员工都经历过，有的经纪人为了给自己客户找房源，但本公司没有房源，经纪人就会冒充客户看房，获得房屋的门牌号后挖取业主信息，推荐给自己手中的客户。

面对以上情况，应采取以下方法。

1. 让同事扮演客户给业主打电话，声称要去看房，询问业主是否有空，如果业主说对方打错了，第一步试探结束，但不一定真实，其实很多房源同行都用自己的小号。

2.问一些专业的问题，以便察言观色。业主听到专业问题，就显得不自在，如果不说话，多半是中介。因为假扮客户的人以为自己被识破了，心虚，人心虚时多半不吭声。当然也有例外，这需要你去识别。

很多老员工对待同行套房，基本都能一眼看出对方是中介。

如果你是新人也不要疑心太重，记得我刚进入这个行业的时候，有个年轻人要求看房，穿的是西装，外表看上去像中介人员，很多同事不愿意接待，我本想上去接待，但同事告诉我，这个人是中介套房子的，我就没有接待。没过几天就传来消息，那个年轻人其实是卖保险的，他是真的买房子，所以不要以外表判断一个客户。

十五、室内看房介绍

室内看房时要礼貌待人，戴好工作牌、名片、鞋套，轻轻按门铃三下，时间间隔 10 秒。等待业主开门，礼貌地介绍公司和自己，主动递上名片让业主安心接待，进门前第一时间协助不方便的客户如孕妇和老人、孩子戴好鞋套。

随手关门，向客户介绍房屋内部情况，业主如果愿意自己介绍就让业主介绍，你配合即可。

房子的缺点尽量不要介绍太多，客户自己也会看到，比如阳光不足、卫生间暗，如果客户提出异议，你给予解释。

如果房中有赠送的家具家电，就详细介绍一下家具家电的价值（数字化）。

如果看房过程中，已经有其他客户在谈，应了解对方谈的价格、付款方式、进度等，以证明这套房子的紧迫性，让客户尽快决定购买，不要错失良机。消费者都有从众心理，看到别人买，自己便会放心地买。

十六、让客户进入场景画面

当你使用紧迫性危机营销，只有卖点不够时，你需要让客户想象使用房子后的场景画面，让他亲身体验，感同身受。

比如，有江景的房子，你要让客户坐在沙发上，看看窗外的江景，并让客户也谈谈在家面对江景的感受。

十七、看房及客户是多人时

如果来看房的客户是多人，你可以把这些人先细分成三类——使用者、决策者、参谋者，三者可能会是同一家人，也可能是亲戚朋友，这样的客户诚意度很高，也很容易成交。要先抓住决策者，如果决策者与使用人是一个人，只需要说服决策者，如果决策者与使用人不同，使用人的意见也很重要。

十八、面对客户犹豫不决

当客户喜欢所看的房源，但还想比较比较时，可能出现以下情况，如客户在其他地方也有喜欢的房源在谈，或许价格没谈拢，想做一下比较。面对此类客户，首先需要了解客户想比较的原因，再提出解决方案。如果让客户去比较，这种情况最危险，客户看得越多越没方向。

应对方法案例如下。

经纪人说："××先生，我们看的这套别墅，您还想比较哪一方面?"

客户："是这样的，我老婆看了一套跟这套差不多，我想再比较看看。"

经纪人："这套别墅是我老业主的，当初就在我手里买的，我们非常熟悉，房屋面积264平方米1800万元，所有中介挂牌都是2000万元，最低一口价1800万元。"

客户说："那套别墅花园500平方米，而且客厅非常大。"

经纪人说："那既然这样，也就不用比较了。我现在约业主过来和您面谈，我给您的价格最低，其他公司没有可比性。"

十九、客户回去和家人商量一下

当客户要回家与家人商量时，应对方法如下。

"明天您家人有时间吗？如果有时间要尽快过来看房，最好不要等到周末，因为周末看房的人多，谈价空间会受到限制，还有可能会被卖掉，因为这个房子实在太划算了。"

客户："价格还能不能降一些?"

经纪人："您放心吧，我会全力以赴帮您谈价的，因为我们公司的第一价值观就是客户第一，我们公司的愿景就是成为最受客户满意的公司，以客户为中心是我们的经营理念。"

客户："我家人上班呢，现在过不来的。"

业务代表："下班后可以过来看吗？业主就住在附近，您看呢?"

客户："可以的，晚上见。"

二十、客户喜欢，但出价太低

假如业主底价1500万元的房屋，你直接报给客户1500万元，客户虽然喜欢这套房，但只出价1300万元，与业主价格相差太大，1500万元是业主底价，客户如此还价很难成交。

以上情况是你报价出现了问题，报价太低了。客户买房子都存在谈价心理，直接报低价的方式很难成交，就算客户很相信你也要有所保留，否则你就失去了筹码，无法与客户周旋，就算客户真心喜欢这所房子，也不会一直往上加价，除非客户非常相信你，一步到位，直接成交。

二十一、如何让客户感到物有所值

很多客户出价往往都是低于成交价，使交易无法完成。

可从以下几个方面着手。

一是之前客户谈过，同样的价格，业主不同意卖（价格卡位）。

二是找到房源本身的独特性、稀缺性、附加值（为什么值)。

三是扩大房源本身优势。

四是找到最近的成交案例，有案例就不需要说明(从众心理）。

告知客户房子为什么值这个价格，详细说明并且用数字体现出来，在营销的沟通中必须让你的客户进入场景画面，相信物有所值。

二十二、客户预算不够怎么办

经常遇到客户预算不够，你要首先确认客户是真的预算不够还是假的预算不够，如果是真的预算不够，要应用以下办法。

一是劝说客户向朋友转借，等自己房产证下来再次贷款（这样客户压力大）。

二是你可以向业主说明情况，客户预算实在超过当初预期，继续向业主争取。

三是做好下一套备用房，随时转移笋盘。

二十三、客户成交信号

要认真观察客户成交信号，如口头成交、行为成交、表情成交等，并迅速将客户带入购买阶段。

成交信号分类如下。

(一) 口头成交信号

客户：“你刚才说最低4000万元是吗？”

客户："你确定税费356万元吗？你算过不会错吧？"

客户："我昨天和其他中介看的那个感觉比这个好"（在对比）。

客户："业主诚心卖吧？"（还告诉业主付款时间，看业主能不能接受。）

客户："看这个房子的人多不多啊？"

客户："确认是本小区最好的吗？"

(二) 行为成交信号

客户在与你沟通时主动靠近你，仔细听你说话。

客户不知道手放哪里，很不自在。

客户带家人再次看房，看得很仔细，甚至拿尺子量。

客户自己去物业处询问小区情况。

(三) 表情成交信号

客户面部表情突然放松，谈到兴奋处有点激动。

客户面部表情突然焦虑，在思考内心担忧的事情。

客户表情很集中听你讲话，时不时看你给他写的税费计算表。

此时，如果客户购买的欲望大于阻碍，会立即出手；如果客户内心的阻碍大于欲望，便只会考虑，不会出手。

二十四、观察客户表情，肢体动作，语音、语速变化等

当人们听到刺耳的声音就会自然捂住耳朵，这是肢体语言。

当你讲话时突然意识到自己讲错话了，你会用手捂住嘴，这也是肢体语言。

当小孩子感到非常恐惧把头埋进大人的怀里时，还是肢体语言。

人的肢体动作有很多种表示，人的嘴巴可以说谎，但人的肢体不会说谎。接触客户时你除了用耳朵倾听，还必须用眼睛观察，有时候用眼睛看，往往会有意想不到的收获。

作为专业的经纪人你除了要掌握聆听的本领，还要掌握客户在看房过程中的各种肢体语言，亦即具备察言观色的本领。了解客户的肢体语言，更加有利于成交。

如果客户一边看楼房一边抱怨，还仔细观察家电家具，便说明他喜欢这套房子，你应主推这套房子。

模仿客户肢体语言也是与客户建立信任度的方法，人都是喜欢同类型的人，只有同类型才能同频，也只有同频才有交流，而有交流也才有交易。

观察客户对哪套房子看得比较仔细和认真，以及关于业主和房子的信息问得比较详细，如税费、业主的真实想法、业主最低价格等。

男客户观察客厅久一些、女客户观察厨房久一些、手机计算税费、夫妻私语交流等，以上都是成交信号。

如果客户看过无任何表情，你就要主动询问，让客户说出内心的困惑，如果客户辨识不出哪套好，你就应给出专业的判断分析，帮助他做决定，客户需要你给他们肯定的勇气，因为客户在做决定的时候最迷惘，害怕买错。也有很多客户看过房子感觉哪里都好、什么都满意就是不肯下单，主要原因是不够信任你，不愿意把内心的话说给你听，这时你就要体现专业度，主动走近客户与他同频交流，想办法了解客户内心的真实想法。找到他的顾虑点，对症下药，循循善诱，让客户相信你。

也会有客户试探你，谎称别的中介价格比你的价格低，这就要考验你对业主了解的深度了，你对业主100%了解就100%坚持，你对业主80%了解就80%坚持（信任度是坚持出来的）。

只有把客户的欲望调动起来，才能消除其心理上的阻碍，增强客户的信心，没有人愿意失去唾手可得的房子。

二十五、假的成交信号

如果客户告诉你，只要能达到他期望的价格就购买，这时你就要小心了。

第一，你要试探一下，客户是否愿意与业主面谈，如果客户不愿意与业主面谈，说明是假成交信号；第二，客户的期望价格与业主的预期相差甚远，这时，你需要了解客户内心的需求和想法，是不是需求发生了变化，还是存在你不了解的其他问题。

二十六、送客技巧

经过深入交流后，如果客户当场无法定下来，不要心里不舒服，要继续服务好客户，让客户产生内疚感，这样就有成交的机会。

送客的时候，要再次提醒客户这次看的房子是价格最低的，前几天已经有其他客户来谈过，因为首付款时间太长业主没有同意。希望客户回去与家人认真考虑，达成交易。

要面带微笑，不要让客户感觉尴尬，礼貌地把客户送出门，目送他离开。

二十七、客户购买欲望突然减退

客户购买欲望突然减退是一种很常见的情况，因为客户不是找你一个人看房，其他同行也会推荐其他房源，当客户看到其他房源也很满意时，就会进入思考、比较、犹豫状态。

遇到这种情况，就要说服客户以他期望的价格先付意向金，以此锁定客户，客户的钱交到哪里，心就会在哪里。如果实在谈不下来，就换别的房源。如果客户不同意，就应尽快退还意向金，也别耽误客户购买其他房子。

二十八、客户一直看就是不定怎么办

你必须了解客户的内在需求，没有需求就没有销售。也有的客户要求很高，看房子太久了，价格会越出越低。

每次预约看房前、看房中、看房后都必须让客户为此套房心动，客户不心动一切努力都白费。只有有价值的房子才能使用危机营销，紧迫感、稀缺性等综合并用（你必须擅长讲故事，将故事的要点、时间、地点、人物描述清楚，故事类型包括他人的故事、自己的故事、老客户成交的故事）。金牌销售就是带动客户互动的。

销售高手都懂得情绪管控，通过语音、语速、肢体语言感染客户，带动客户。

经过几次危机营销，如果客户仍然无法定下，就要把此类客户改为D类客户，通过不间断联系再变成A类客户。你必须记住，你的时间一样宝贵，要把时间多用在高需求、高购买力、高决策者身上。

二十九、二手房如何谈价

我们在二手房营销过程中都会遇到客户看房后谈价问题，很多经纪人不知道如何下手。

经过多次与客户 / 业主接触，分析判断哪一方比较容易进行。

谈判无非把业主心理价格压低以接近客户所出价格，或把客户出价提高以接近业主心理价格。

如业主房价1200万元，客户出价1100万元，相差100万元。你和业主第一次谈价他同意让价1180万元，而客户则提价1150万元。你和业主第二次谈价他同意让价1170万元，客户则提价1165万元。经过几轮打太极谈判后，你需要帮助客户/业主调整出价，达成双方预估成交价格（客户在不同时间购买的房子，愿意支付的价格不同）。

三十、客户面谈提价技巧

在谈判过程中，有时最后价格相差不多却没有成交，比如，业主最低价位已经无法再退让，客户也不愿意加价，这时你可以用时间成本与机会成本引导客户。

方法一：你可以告诉客户“所有的房源都看完了，是不是越看心里越没底，这是审美疲劳了，不仅浪费不少时间，而且耽误了工作，连陪伴家人的时间都用在看房上了，也失去过几次机会，不然你已经入住了，这次再不定你还会继续奔波在看房选房的路上，还不一定能找到满意房子。仅仅因为20万元的价格你就选择放弃这套房子吗？”

方法二：让业主做一下配合，客户还在犹豫时，让同事装成其他同行给业主打电话说明也有客户需要面谈，造成紧迫感，进行危机营销。

运用此方法的前提，必须是这套房子物有所值，否则，不可以运用此方法。

永远把客户当成贵人，切不可做出伤害客户的事。

三十一、争取佣金的方法

不管面谈成交还是支付意向金成交，几乎每单成交都会面对佣金打折问题。可以告知业主自己带很多客户来看过，业主不知道你带看多少次后成交的，特别是有钥匙的房子，每次看房过后，都要给业主汇报客户看后的情况，这非常重要，可以与业主建立信任度。要把看房过程的辛苦告诉业主，如果看房后没有与业主汇报，他不会相信你的话，前期沟通很重要，你帮助业主解决多大问题，决定你收入多少。

在业主和客户看来，我们的佣金太好赚，带着客户看几次房，成交后就有几万元甚至几十万元的佣金。业主都想要佣金打折，因为他们不知道这个行业的辛苦。

佣金不打折最好的办法，就是让业主与客户知道你真实的付出。

服务本身也是可以增值的，只有提升服务质量，客户才会愿意付钱。

三十二、让价技巧

首次谈价要让业主给客户多让一点，后面少让点，再后面不让价，让客户觉得已经触底。

切不可与没有决策权的人让价，因为就算已经谈好也不会起到任何作用，浪费你的时间。还有让价不能太快，客户会感觉自己出价高，找借口要再考虑考虑，就算客户出价已经到位也不能立即答应，需要你一点一点让利给他。否则，客户很可能在最后关键时刻误以为吃亏了而反悔。以下例为证。

有个本来可以成交的单子，但客户在成交时突然反悔了，原来是客户按约定时间过来交付意向金时，业务员在接待的过程中得意地一笑，客户立即感觉自己吃亏了，瞬间热情全无，喝了几口水后，告诉业务员："我过来是告诉你，我太太说这个房子面积还是小了，想再看看面积大的房子，再比较一下。"

三十三、收取意向金注意事项

在收取意向金前要再次确认以下事项。

1.收取意向金前要再次确认业主的总价，为付款周期可能发生的变化准备好应对措施。

2.如果客户出价没有达到业主的心理价格，付款周期比较长，尽量拉近距离，提高成功率。

3.必须先看客户的征信报告，以确定有没有突发情况，最好看房前让客户拿出来。

4. 支付意向金的时间最好定在15天内，并和业主确认好可以赠送哪些家具家电。

5.收取意向金时最好做到立即转定，防止夜长梦多，因为客户与业主都会随时发生变化，要提前锁定业主以防发生变化；如果出价太低，意向金周期就需要长一点。

6. 了解业主户口迁出时间、交房时间，意向金的金额最好为总价的5%，这样比较保险，意向金支付太低对客户来说没有保障。

三十四、客户担心业主一房二卖

当客户担心业主一房二卖时，你要告诉业主成交当日收到定金后，我们公司会保管业主的不动产权证，业主没有不动产权证，就不能再收其他客户定金了，即使反悔也要赔付几倍定金。

三十五、看房后引导客户购买

如果客户看房后依然犹豫不决，就要及时给予客户购买的理由，帮助客户把犹豫、困惑解决掉。

一是要真实告知客户失去这次机会，下次不会有类似的房子，失去这套房子会损失哪些利益与好处（最好提供老客户证明，之前卖掉此类房子的价格）。

二是要告知客户，业主和其他客户谈判的进度等一些细节。

永远不要欺骗客户，金杯银杯不如客户的口碑。

三十六、业主提供材料

业主需要提供如下材料：身份证、户口本、结婚证、孩子出生证明、离婚证、连续5年社保缴纳证明、收入证明、工资流水、离婚协议，外籍人士需要护照，港澳台同胞需要提供大陆来往通行证。

三十七、签订买卖合同

签订买卖合同需要做好以下事项。

1.提前约定买卖双方到场时间，公司提前把买卖合同样本编辑完成。

2.提醒买卖双方带好相关材料原件，准时到达。

3.买卖双方到场，礼仪接待到指定区域，看合同样本哪里需要添加或者修改，确认无误打印合同并签字。

4.签完买卖合同后买方转首付款给予卖方，同时支付本公司佣金，买方写首付款收据，公司方写佣金收据，然后签订贷款合同。

5.签完合同后转移工作交接给售后服务人员，由售后服务人员完成卖方抵押注销流程，买方审批贷款流程，等待产权过户，银行放款。

6.买卖双方约定交付时间，清点家具家电，钥匙、水、电、煤气过户结算，买方支付尾款给予卖方。

房屋买卖合同签约后，并不意味着买卖结束，而是下一次成交的开始。你可以根据房屋的年龄和总价建立客户微信群，他身边的朋友说不定哪天也有想要置换新房的，你可以继续为他的朋友服务。

三十八、交房流程

交房前要先查清业主有没有水、电、煤气的欠费，最后一期付款的数字（这样有利于结算）。

交房时要到物业公司办理物业更名，同时将物业管理费结清；到房间抄水、电、煤气数字，根据前面查到的数字结清；如果已经安装煤气设备则要办理煤气户名更名手续，水、电如果是个人名字要更名，如果是开发商或物业公司的名字一般不需要更名；对房屋进行验收和家具清点。

正在出租的房子，交房时要进行物业更名，结算物业管理费；三方（买卖双方、租客）签订一份转租约协议，将新业主的信息（户名、账号等）告知租客，将原租赁合同、租赁保证金转给买方。

煤气更名时双方都要到场并带好身份证明原件、买卖合同，如果是业主的委托人要带好委托公证书、代理人身份证明原件，客户委托人要带好委托公证书、代理人身份证明原件。

电力更名。电力更名时如果户主是个人的，买卖双方带好身份证明原件及房产证原件到电力公司办理更名；如果户主是单位的，则新业主带好身份证明原件及房产证原件到电力公司办理更名。

电话及宽带更名。电话及宽带更名时需要带好机主身份证明原件、买卖双方身份证明原件、更名房产证原件。

三十九、维护老客户继续追销

开发十个新客户不如维护一个老客户，因为老客户维护成本为0，这是一条销售的黄金法则。稳定的老客户资源可以使你的工作变得更高效，也是保持业绩稳定的重要因素。

善于抓住特殊的时机，逢年过节、市场新政、客户生日等都可以进行短信维护，关注他们的动态；客户生病或客户家人生病时，要及时送上问候。

举个例子：有位顶尖营销高手，在朋友圈看到一位客户住院动手术，直接和经理请假3天，让她妈妈从老家带了一只自己家里养的老母鸡，专门去医院照顾客户，自己给客户熬鸡汤喂鸡汤，这位客户是美籍华人，在上海也没什么亲人，一个人孤独地在医院躺着，经过这个销售员的悉心照料很快就出院了，后来这位客户给这个销售员介绍了很多客户。那么，这位客户为什么介绍那么多客户给这个销售员呢?

第一，感恩这个销售员的照顾，人在生病的时候最需要照顾。

第二，相信这位客户每次吃到鸡肉的时候，都会想到照顾他的销售员，一辈子忘不了。

四十、违约现象应急方式

当客户违约时，你要告诉客户，现在定金已经成功支付给业主，实际上已经是业主的钱，现在只有两种途径解决：一是通过法院起诉，二是找到业主三方协商解决。

第一种情况——业主愿意洽谈，谈判中要保障佣金，不能买卖双方想解除合同就解除，要给双方讲解违约责任。

第二种情况——业主不配合，必须由买方向法院提起诉讼，并告知你不可以代替其去追讨卖方，因为主体不同，你只能追讨佣金，但可以协助其追讨卖方。

特殊情况——顾客不买有特殊原因，如家人生病需要大额资金治疗等，我们必须帮助顾客，尽量让顾客减少损失，经纪人可以主动找业主说明情况，协商退还全部定金或者退还一部分定金。坚决坚守顾客第一的价值观，解决顾客的实际难题。

第十一篇　营销七步方式

一、渴望

渴望买房有以下特征。

1. 正在发愁，不知道什么时候买房子。

2. 到处看房子，没有找到合适的。

3. 想拥有自己的家，不想再租房。

4. 听信他人意见，错过很多次购房时机。

5. 想买套5年内自动升值2倍以上的房子。

二、绝望

1. 有人买房子不仅佣金高，房价也比同类房子高，还被吃几十万元差价，想见业主，中介不安排你见面。

2. 有人到处看房子把自己累到生病，买房迷惘，没有方向。

3. 看中的房子被房东一房二卖，得不偿失。

三、希望——蓝图

作为销售员，一定要给客户希望，以上海市浦东区唐镇为例，以下几种方法就非常有效。

1. 唐镇的房产升值空间不大吗？答案是未来发展好，学区也开始向这边发展。

2.在整个浦东，唐镇还有很大升值空间。

3.在唐镇，只有毕加索小区性价比最高。

4. 你要想知道毕加索小区有什么价值，有几大卖点，可以与我电话联系。

5. 我现在有一个好消息告诉你，有套房子业主急卖，目前所有中介都在主推，应该这几天就会卖掉。

四、提炼卖点的六个维度

1.价格。这套房子比其他房子便宜多少钱，为什么便宜。

2. 服务。物业管理智能化，24 小时管家，好的物业管理可以使房子增值保值，还可以延长房子使用年限。

3.稀缺。独一无二，且位置最好。

4.方便。交通便利，商业配套齐全，有优质的教育、医疗资源等。

5.实力。品牌开发商，开发实力雄厚。

6.附加值。买房送装修、送家具家电、送车位等。

如果你买来房子不住，可以对外出租，每月可以收入 ×××× 元租金。

5 年以后卖掉也会升值一倍，因为每年通货膨胀 7% 以上，现在总价 800 万元，5 年后 1600 万元，除去首付和银行利息升值幅度相当可观。

五、建立信任

人与人之间的第一印象很重要，因此，要想与客户建立信任就要注意维系好客户对你的第一印象。

(一) 第一印象

第一印象是人意识局限性的一种表现，对某个事物或人的第一印象在很大程度上决定你对这个事物或人的看法，甚至决定你的行为。

要想给人留下好的第一印象，应该从服务、举止、言谈、形象、服装等方面做足功夫。

衣着要贴近客户的穿衣风格，但要比客户低一个档次，你如果穿得比较好，客户会产生不平衡感，所以在客户面前要尽量让他有愉悦感与满足感。

(二) 寒暄

与客户第一次见面，可以通过打招呼建立良好印象，起到让客户放松紧张情绪与降低心理防备的作用，能够有效解除客户的戒备心。

寒暄以工作家庭、兴趣爱好、朋友社交、创业经历、事业追求、行业背景、成绩荣誉为主，这样既随意亲切，又容易拉近彼此距离。

寒暄要领如下。

问——开放式发问 / 封闭式发问。

听——认真聆听，点头微笑，目光交流。

说——尽量用拉家常的方式让客户多说，以获得更多的讯息。

记——记录并配合倾听，更要记在心里。

(三) 欣赏赞美

以恰当的方式赞美客户，赞美要体现到具体、细节的地方，赞美随时随地，交浅不言深，赞美的最高原则是先处理心情，再处理事物，听的人受用，旁边的人也不反感。同时还要做到“三同步”。

情绪同步——急人所急，想人所想。

生理状态同步——呼吸、表情、姿态、动作等。

语言同步——语音、语调、语气等。

以诚待人，用心对待客户和业主，体贴关心他们的需要，从他们的角度思考问题，与他们做朋友，这样才能建立良好关系。

(四) 情感策略

没有情感的交易是冷冰冰的，有情感的交易才有温度，任何一个顶尖营销高手都一定会与客户产生情感链接。

服务就是经营客户信任度，最好的方式就是情感账户投入，情感账户投入的多少决定了交易的成败。

(五) 销售时间分配

销售时间分配如下。

1. 建立信任度占 40% 的时间
2. 了解客户需求占 30% 的时间
3. 产品介绍占 20% 的时间
4. 成交占 10% 的时间

整个销售的时间安排要大部分花在建立信任和了解需求上。

六、报价

你对客户了解的程度很重要，如果客户砍价很厉害，就应该调整报价方式，不要低开价格，否则后续成功的难度会增加。

比如，业主底价是1000万元，你给客户报价1000万元，客户就会在心里将价格降到950万元，这样你就会很被动，即使成交了，支付你的佣金也会减少。因此，报价很重要，以下是四个行之有效的报价方法。

1. 价值报价法

价值报价法是要多谈价值，越详细越好，从不同的维度谈价值，塑造价值。

2. 下降报价法

下降报价法也叫“下沉报价法”，即高开低走，让客户持续兴奋，一级一级下降价格，分三级以上降价，后面还有赠品。

3.数字报价法。

在业主报价时，大部分业主是以整数报价，也有个别业主会利用数字报价法，如很多超市日用品3.96元，虽然是接近4元，但给客户的印象就是3元多。

比如，房价765.5万元，客户再还价有可能就是去零心理，会还价尾数，直接还价到760万元。

客户一次去掉后面两个小数，业主继续利用小数点报价760.5万元。

经再次还价后，业主再次利用小数点报价758.5万元，客户就会容易接受去掉最小数，最后接受758万元，也就是牺牲5000元保住8万元。

4. 对比报价法。

对比报价法主要有以下几个方面。

（1）本别墅用地从2013年就开始控制，资源稀缺，未来别墅越来越值钱，因为土地资源无法复制。

（2）如果我能尽快帮你买到你理想的别墅，就是帮你挣钱，像你这么成功的人士，时间就是金钱。

（3）我能帮你买到低于市场价的房子，并且提供一条龙的优质服务。

（4）你知道我做这个行业快7年了，对于房产流程、贷款流程都是非常熟悉的，我绝对可以帮助到你，买房子还是找专业的人士帮助稳妥。

（5）我们不收客户佣金，只收业主一个点佣金，我们的销售战略是以客户为中心，让利给客户，另外还送价值1万元的跑步机，目前基本没有同行这样做。

七、理由

1.为什么高价？因为地段好的就是贵的。

2.为什么低价？因为业主急售。

3.为什么提价？因为有人谈了。

4.为什么稀缺？因为唯一性。

5.为什么紧迫？因为已经有人在谈。

6.为什么送礼品？因为本公司成立两周年。

7.为什么你是最好的选择？因为我有的别人没有，别人有的我都有。

第十二篇　客户常见的一些问题

一、客户抱怨装修不好

当客户抱怨装修不好时，你应该说服客户买房子不能只看装修，因为装修几年以后都不值钱了，很多客户就是因为看房子装修好，觉得不错，结果为装修买单，买的都是不值钱的东西，真正懂得购房的人，都会综合评估价格、楼层、位置等，而不会选择装修好的房子。

二、客户抱怨楼层不好，光线不足

当客户抱怨楼层不好，光线不足时，应这样说服客户，业主也知道光线不足才卖这个价格的，其实人体一天能晒 4 小时阳光就已经足够了，到了夏天，你就知道这栋房子的好处了。

三、客户抱怨房子靠马路

当客户抱怨房子靠马路时，你应该说这个不是主干道，没有大车辆，声音是车带出来的，夜里没有车子，就不会有声音，而且有解决的办法，窗户玻璃用进口的，双层的，就不会有声音了。

四、客户抱怨没有学校

当客户抱怨没有学校时，你可以这样说服他，虽然小区内没有学校，但骑电瓶车十分钟就到学校了，而且那所学校还是重点学校，孩子上学很方便，这栋房子性价比实在太高了，错过了就没有了。

五、客户抱怨户型不好

当客户抱怨户型不好时，你应该告诉客户，这个价格能买这类房子性价比已经很高了，这样的户型也是最好的，以前都是有身份的人居住在此，新的小区户型肯定好，但价格很高。

六、客户抱怨说通风不好

当客户抱怨通风不好，你应该告诉客户，客户出的这个价格只能买到这样的中间户型，虽然不能南北通透，但打开各房间的窗户，风力没问题，那种南北通透的房屋通风好，但价格太贵。

七、价格太贵

客户认为价格太贵，应该给客户讲清楚贵的原因。这套房子是贵了些，但是它值这个价格，装修50万元，家具30万元，楼层也好，位置也好，上个月卖掉一套没它装修好，但是位置好，楼层好，成交价1000万元。

八、客户抱怨离高压线近

客户抱怨离高压线近，你应该讲清楚，高压线很快就会埋入地下，已经规划好了。不规划好，不会建房子，放心购买好了。

九、客户抱怨房子在顶楼

当客户抱怨房子在顶楼时，告诉客户现在的设计师水平都很高，有隔热层，有防水材料，不会漏雨，也不会热，有许多客户专门挑选顶楼，一来价格合适，二来也安静。

十、客户抱怨一楼潮湿

客户抱怨一楼潮湿时，你应该告诉客户，现在的房子一楼地面都抬高了45厘米，地下有车库，地下都是空的，家里有老人、孩子，进出家门方便，不用爬楼梯。而且这个小区24小时有保安巡逻，有红外线摄像头，小区很安全，绿化更优质。

十一、客户抱怨环境不好

当客户抱怨环境不好时，你应该告诉客户，老式公房和动迁房就是这样的，一分价钱一分货，一般购买这样的小区不谈环境，这类小区主要优势就是价格便宜。

十二、客户资金问题

客户说房子刚卖掉资金没到位。你可以和业主谈好付款周期，根据资金情况谈好支付时间。

第十三篇　防止跳单三大策略

在房屋买卖市场，卖房者、中介、购房者构成了一个完整的房屋买卖产业链。在这条产业链中，中介通过输出信息和服务，依法获得佣金。但在现实中，总有一些客户为了节省佣金，会在中介带领看房后，企图绕过中介，直接与卖房者取得联系，这严重破坏了房屋买卖产业链的公平性，作为中介人员如何识破此类顾客的小伎俩呢？下面列举三种破解的方法。

一、客户背后找业主

要防止客户背后找业主，重点要放在客户身上，而不是放在业主身上。如果你一直陪同业主，客户就感觉你不在乎他，会对你失去信任，这就得不偿失了。对于一些心术不正的客户，要防止他们以了解小区环境为名，私下联系业主，你应经常去小区看看，如果碰见客户你就说，你正好有时间，可以陪客户一起看看，顺便给他介绍一下，以此防止客户再去找业主。

二、当面向业主塞字条

作为陪同看房的中介人员，服务好客户是你的职责所在，但在做好服务的同时，也需要留点心眼儿，防止客户偷偷将写有联系方式的字条塞给业主。要跟紧客户，不要让客户离开你的视线，如果客户多，一个人看不住，那就守住业主，和业主沟通以增加信任度。

三、预防客户再去找别的中介

客户看房后一般还会去别的中介了解本小区房屋的价格，为了防止客户与别的中介合作，你必须提醒客户，可以找别的中介，了解小区环境和房屋价格，但不能提这套房子，否则就违反了行业规则，道德也会有瑕疵。

第十四篇　短视频和直播思维

你要想学会游泳，就必须下水。

随着互联网崛起，人们的消费习惯发生了变化，依靠传统二手房营销方式的业绩急速下滑，传统的营销获客方式受阻，因此，房地产行业的从业人员也要与时俱进。

不管你是销售人员，还是管理人员，抑或是其他行业生意人，都要熟练掌握短视频和直播运营方式，不然你就会无法大量获得客户，无法达到业绩倍增，轻松赚钱的目的。

那么，怎样才能做好短视频和直播呢？本篇将教你一些方式方法，只要你学以致用，坚持到底，一定会有收获。

一、自我认知

短视频是集多种传播方式于一体的信息载体，在消费者注意力越来越碎片化的今天，短视频传播无处不在，抖音、快手、小红书、视频号、社交软件等都开通短视频制作功能，以此达到传播效果并且丰富平台内容，留住用户。

短视频制作简单，每个人都可以用手机制作，可以创造有个性的内容进行传播。近年来，短视频获得快速发展，制作短视频的前提有以下三点。

第一，意愿。如果一个人做事情没有意愿，任何事情都是做不好的，只有心甘情愿去做，才能坚持下去，只有全力以赴才能成功，你也必须学会放下自己的身段和面子，放下以前的运作方式迅速转型。

第二，方法。方法也是技巧，如起号、剪辑、爆款、流量如何获取、怎么直播等。

第三，环境。环境就是氛围，团队一起做，氛围很重要，现在做短视频和直播成功的人很多，短视频目前还在快速发展，很多平台都在向这个领域进军，短视频会打通任何行业，参与的行业也是越来越多。

二、视频和直播的本质是什么

1.流量（客户）。

2.知识或房源。

3.引流转化（收入 = 销量 + 单价 + 流量 + 转化）。

流量是什么？

尽管流量会转移到不同物理空间和网络空间，但是产品和逻辑不会转移，在不同的平台或空间你都能遇到愿意购买产品的人，你可以通过短视频和直播售卖产品（房源），把目标客户引流到私域经营，并拿到精准客户名单，使用企业微信进行私域培育成交，获得长期营销价值，这就是网络营销的路径方式。短视频和直播的本质是流量（客户）、知识或房源、引流转化（收入 = 销量 + 单价 + 流量 + 转化）。

三、我们为什么做短视频和直播

我们为什么做短视频和直播？因为短视频不仅具有打发时间，满足用户多种需求，方便交流的强互动性，还有出众的传播速度、低廉的营销成本、立体直观的展示效果，以及准确锁定用户画像，还可以利用数据衡量营销的效果。

许多客户在手机上都会花大量的时间，所以在手机上可以吸引更多流量（客户）。

人是有惰性的，短视频能够激发人的兴趣，适应人的惰性。你卖的是房子不是快消品，快消品会立即下单，买卖房屋则需要精准引流并与客户进行沟通，以产生后续的服务，也有很多一手营销手段采用线上支付 2000 元，现场抵扣 5 万元的策略。

短视频和直播，未来 10 年还是主流获客方式，过去人们看报纸、电视，现在已经转移空间。

微信视频号发展很快，并在不断完善，目前看朋友圈的人越来越少，直接看视频的人越来越多。

传播的媒体发生变化，顾客购买的逻辑也在改变，平台改变人的生活状态，人们在短视频上打发时间，那就把稀缺优质房源拍成视频。

不同时间不同账号，流量也不一样，所以我们应多开几个账号，哪个流量多就用哪个账号。

目前对于短视频来说，要求越来越高，一个号一个人成功很难，最好团队一起做。

客户对抖音视频号信任度高，人们已经习惯了在抖音上消费，已经认可了这种生活形态。

比如，现在一个视频号给予1000个播放量，如有10个员工，一天就有10000个播放量，一个月就是30万个播放量，这只是一个视频的播放量，假如有100个视频会有多少播放量？

四、如何做好短视频

短视频营销和直播需要注意以下事项。

（一）容易做错的方面

1.底层逻辑错。没有系统的逻辑思维，听什么都对、做什么都错，思路不正确。

2. 短视频没流量。没有找到爆款短视频，自己也没有拍出爆款短视频，一个视频600个人看和6000个人看效果是不一样的。

3.房源不适销。房源不行，需要性价比超高客户房源信息以及房源塑造。

4.情绪未共鸣。你需要调动客户情绪，如果你无法调动客户情绪，无法让他心动，他们停留的时间就不会长，完播率就会出现问题。

5.忽略用户感受。如果只站在自己位置考虑问题，没有真正体会用户感受，就无法创作出令人喜欢的短视频。

6. 缺乏与用户的互动。与用户的互动很重要，评论越多用户看得越仔细，也会在评论区写下自己的感受，这样就可以增加互动性。

（二）如何做短视频

一个短视频多个账号剪辑，一个短视频一般人最多看2分钟，人均45秒，很多人只看2秒，现在我们要做到1秒留人，如果第一句话不能吸引用户，用户就会划走，因为可供选择的短视频很多。

短视频和直播是两个赛道，我们既想要平台也想要客户，很多平台也是存在竞争的，我们只有成就平台，平台才能成就我们，帮助平台成功，你要有无私的动机，从平台的立场思考，你把内容做好，服务做好，房源展现做好，寄生在平台，平台才能助你成功，他们也需要好的内容，假如你的短视频别人看1秒或2秒就离开，对平台没有价值，平台就不会给你流量，要想办法帮平台留住用户。

把广告变成平台的内容，平台也需要好的内容，再用平台喜欢的方式展示。平台支持你，你的短视频就会有流量，更多的用户就会支持你。

（三）短视频的未来发展

1. 大众化。每个平台短视频只要下载App就能使用制作功能，许多老年人也会使用。

2.专业化。大众化以后就是专业化，需要团队一起共创，最终走出一条团队运营的道路。

3.社交化。短视频本身带有很强的社交属性，其他平台也是，均可达到与人沟通的效果，如此一来分享短视频越多，用户就越多，未来短视频社交只会增加不会减少，你必须明白这个趋势，以实现短视频营销最大化。因为消费者的需求也在多样化、个性化、标签化、垂直化，所以你要围绕大众化、专业化、社交化制作内容。

（四）短视频的三大原则

一是内容原生化。内容原生化就是内容走原创路线，更贴近生活本身，内容形式需要灵活多变，不以广告形式出现，并且让用户体验不到营销信息，把内容营销信息传播给目标用户，这正是短视频的独特之处。

二是以数据驱动。短视频使用算法更容易实现数据的驱动，并精准营销。由于短视频解决了精准推送问题，能够挖掘用户的真实需求，实现个性化精准营销。

三是没有互动就没有传播。单纯曝光率、转化率的营销手段不适合短视频，短视频会根据历史数据，把原创视频推荐出去，并根据首批用户的播放、点赞、评论和分享等互动行为产生数据，假如你的作品没有足够互动率，系统就不会再推荐你的作品。当首批用户以实际行动对你的作品表达喜爱时，你应积极互动以保持人气。

（五）短视频误区

一是忽略用户感受。短视频与其他传播内容不同，短视频运营者发布自己喜爱的短视频，并没有真正体会用户的感受，这样就不可能创造出爆款短视频，你需要站在用户立场找到他们的痛点、痒点、爽点。

二是缺少用户互动。在短视频运营中，互动是重中之重，愿意对你短视频内容进行评论的都是你的忠诚活跃用户，评论越多看得越仔细，因为看得仔细就会有不同看法，这样就会增强互动性。

三是要学会“蹭热点”。互联网离不开追热点，短视频行业也不例外。

四是传播渠道比较单一。有些新手认为一个平台就可以，这样你的短视频内容就非常有局限性，会减小原创作品的营销推广力度，随着市场发展，短视频平台竞争只会更加激烈。

五是不关注平台动态。你所选择的平台和渠道时时刻刻都在发生变化，假如你对平台一无所知，用什么手段与竞争对手竞争呢?

六是轻视数据分析。没有数据思维，不以数据为中心是肯定不会成功的，只有认真分析数据，从中找到新的市场发展趋势，才能在短视频营销领域占领先机，避开新的误区。

(六) 短视频特点

一是用户特点。人们的消费行为已经发生变化，都会用碎片时间刷短视频，人们从大的屏幕转移到小的屏幕，已经习惯并认可这种生活方式。

二是平台特点。短视频既可以单独呈现，也可以与长视频结合。短视频就是展现内容的万能搭档，平台也需要通过短视频留住更多用户。

三是信息流特点。短视频是一种动态的信息流，短视频受众比原图更加广泛，短视频播放后，平台会自动推荐其他相似的短视频，这无疑又是一波动态信息流，这就是短视频超越其他内容表现形式的原因。

五、平台需要什么

平台需要优质的内容吸引和留住客户，并且需要找到能帮助它们快速变现的账号。

平台需要多样性和多项性，好的内容可以成为爆款，短视频前 3 秒很重要，必须用心打磨视频前 3 秒内容。

六、平台特点

所有平台都希望更多人停留，且停留时间越长越好。各大平台也在相互竞争。

同领域同时长的赛马机制，要以数据为中心，你做的就是数据，有对比才能知道优劣。

抖音用八级流量池筛选优质内容，运用铁粉系统留住用户，而短视频则是平台的护城河，让用户沉迷其中。直播是平台的成交场，帮助平台快速变现。

七、标签逻辑

（一）用户喜欢好的标签

账号标签，作品标签，内容垂直。

（二）数据机制

要以数据为中心，要用内容留住用户，抖音 5 分钟便会决定一波流量。比如：一个抖音短视频第一次有 200 次播放量，若用户观看的时间长，并踊跃收藏、点赞、关注等，第二次就会增加 3000 个播放量，第三次就会增加 1.2 万～1.5 万播放量，第四次就会增加 10 万～12 万播放量，以此类推，第五次增加 40 万～60 万播放量，第六次增加 200 万～300 万播放量，第七次增加 700 万～1100 万播放量，第八次增加 3000 万以上播放量，这就是八级流量池、赛马机制，若数据量不高就突破不了。

（三）用户逻辑

铁粉系统，每天都关注你发的内容，你发什么他都看，用户喜欢什么，系统就推荐什么。

（四）起号技巧

登录手机平台先不发作品，关注 20 个对标账户，其他不看，只看对标账户，抖音关注最多不要超过 999 个，对标、点赞、关注一周，让自己账户垂直，你表面上经营的是抖音实际上经营的是数据。

手机今天在公司，明天在家里，手机要多改变位置，让平台知道你是活跃的，不要用公司的流量，不然会被误认为是营销号。

八、作品标签

每发一个短视频都要做一个标签，推给你需要的客户要用“# 话题”，短视频所有的文字平台都会提取关键词，并推给喜欢你作品的人。

如果变现第一个视频就有 500 播放量时就要考虑变现。

了解对标账户，关注同行发作品的时间，当同行早上 8 点发作品时，你在他的作品评论区评论一下，也会引流，等于在别人的鱼塘钓鱼。

视频号看你的 GMV 会给你更多的流量，看你变现能力。先测试发布时间，自己先看完自己的作品，点赞、收藏一下。

九、做数据

数据是你运营的抓手，知道哪里做得好哪里做得不好，给你正确的方向与答案，如果你是公司老板可以把以下数据带进 KPI 考核指标里面，进行奖励或者惩罚。比如，短视频的人均使用时长占 40%，完播率占 30%，评论率占 20%，点赞率占 10%，这样就是你增加客户的着力点。以下 8 个方面是重点指标。

1.人均使用时长。

2.完播率。

3.评论率。

4.点赞率。

5.收藏率和关注率。

6.曝光率。

7.主页访问率。

8.转发率。

你只有了解账号的数据，才知道账号目前的发展情况，不然会错失良机。拥有粉丝不一定能够转化成功，还要了解客户的活跃度、参与度等。

短视频能不能上热门，取决于你的数据好不好，如果你的短视频内容做得不好，不能帮助平台留住用户，平台就不会把你的短视频推荐给更多用户观看。

短视频和直播一样做数据，因为你需要有人评论，要经常看抖音雷达图数据，走出自己的世界，走进他人的世界，再把他人带入自己的世界。

完播率前 1 秒抓人，5 秒留人，只有完成 50% 以上完播率，才能调动观看者的兴趣。短视频内容很重要，视频号封面更是设计重点，你刚开始做不需要拍得很专业，随手拍也行。

别人为什么转发作品，因为他认为你的作品可以帮助别人，你所做的就是增量数据，数据是用户给的，而用户则是被你的内容留下的。

十、流量密码

在垂直领域深挖细节，你要明确一点，无论哪个领域都会有很多人在深挖，可是每个领域都会有空白点，很多潜在用户的需求没被满足，没被人挖掘出来，你可以提高内容含金量并激发新的创意。

你需要锁定一个领域，坚持做下去，并形成自己的特色，你的内容还需要融入情感和价值观，只有这样才能启发用户的思考，引起用户的共鸣。以下内容非常重要。

1.选题。内容与账号垂直，做更加专业更加精美的内容，包括正能量的内容、令人暖心的情感内容、展示技艺的内容、幽默搞笑的内容、专业知识的内容，看自己的特点而定。

2.结构。短视频前、中、后设计。

3.展现形式。直播间装修得好一些，目的是吸引人进入直播间，不同的装修展现不同的内容，得到的结果也不一样，单人口播、开车、看房、外景、室内拍摄均可。

变现等于卖房子，先把公域流量引入私域进行培育，了解客户想买的，把你想卖的以客户想买的方式卖给他，很多直播卖快消品还要看UV值，因为平台需要变现。

留住客户，提升销量，平台要的是销量、投广告，平台要赚钱，平台也希望你用钱换钱，希望你投“DOU+”。

十一、房源布局

当你确定短视频的主题以后，如何按最佳方式呈现主题是面临的第一个问题，首先要按照你的房源布局呈现不一样的风格，找到最佳呈现方式给予你的目标客户，采用团队共创用不同的方式测试哪种呈现出的效果比较好，从中找到最好的呈现方式。

很多人拍短视频不卖房子，只讲述房产相关知识、政策，还有讲客户痛点、房源卖点、客户买点、哪些房子不能买等，这里不再详细叙述，你可以根据前文的叙述进行精心设计营销语言。

短视频 + 直播 = 交叉汇流，只有双向转化，集中引流和变现，你的粉丝才能青睐你的作品。能够两个人拍就不要一个人拍，能够三个人拍，就不要两个人拍。

十二、内容制作

短视频也是内容营销，优质的内容是制胜法宝，短视频是开放的，只有好的内容别人才会收藏、点赞、关注、评论，甚至转发等，只有内容足够吸引人，才能达到完播率高，人均在线时间长。

一是要明确短视频的主题和时长。进行短视频内容策划前，团队人员要进行市场调研，了解客户需求，明确自身特长。在确定主题内容后，还要注意短视频的时长，短视频时长有几秒钟、几分钟，你要根据主题方向和想表达的内容安排视频长短，时间太长会增加成本，用户没耐心看，时间太短又无法表达更多信息，用户不过瘾。

二是制订可行方案。短视频团队要制订可行方案，就是把资金、设备、场地、拍摄时间、工期等做一张清单，务必让团队每个人都清楚了解当下资源如何运用，缺少哪些资源，需要准备哪些资源。

三是快速进入高潮期。制作短视频时让内容快速进入高潮期，现在的人没有耐心，希望用琐碎时间不费劲看完，前面 3 秒内容吸引不住他，就失去让人看下去的欲望了。

四是产生私域或变现。吸引用户的注意力—引起用户的兴趣—刺激用户的欲望—让用户行动，引起情绪共鸣，并进行价值分享，交流互动，进而达成交易。

五是情绪。情绪的背后是热点——行业热点、时效性热点、共鸣、爱国、教育、亲子、趋势、渗透率、政策、全局性、行业指数等。

六是知识。知识是长效热点，传递正能量，与国家情怀相关。行业热点、行业洞察、自身优势、用户需求、长效性热点、事件、上升度、受众度、热度、传播度、话题度、相关度、风险度等。

七是做好长期的选题策划。做短视频不能妄想一步登天，立即变现，要做好长期不火的心理准备，不断研究时长用户，寻找自己在短视频行业的位置。

十三、内容播放

随着我国经济不断发展，互联网营销渠道快速发展到三线城市以及乡村，这么大的潜在市场，短视频崛起加速发展已经是趋势，具有生活气息的短视频内容，能为广大用户提供不一样的网络体验。

根据行业属性制作短视频内容，目标用户需要精准定位。

优质的短视频内容一定要和房源信息、行业知识、行业热点相关联，账号的商业定位是客户画像，要精准地锁定客户需要的内容，而不是拍摄与客户无关的内容。

优质的短视频内容是为你的目标客户提供有价值的信息，或专业知识以及好处，不然你的客户会转移到其他对标账户。因此，要做好以下五个方面。

1.让用户刷到你。

2.让用户关注你。

3.让用户了解你。

4.让用户喜欢你。

5.让用户购买你的产品。

同时，还要谨记以下几个要点：吸引注意力—提起兴趣—建立信任—勾起欲望—刺激—改变认知—让用户采取行动。一定要露脸、露脸，再露脸，给用户留下好的印象，人们喜欢和自己价值观一样的人，多少钱都会买，关键是让用户喜欢你。

十四、突破短视频和直播营销认知

早在2016年直播行业就有网红开始尝试直播带货了，直到2019年，除了淘宝、抖音、快手以外，其他平台也纷纷加入直播带货行列，这种营销就可以达到一对多的展示，做到所见即所得。

每个用户的需求不一样，短视频也不可能取代所有知识内容传播的途径，并不是所有的用户都愿意付钱，只要用户有免费学习的机会就不会付钱，因此，短视频内容必须具有稀缺性且附加值更高。

变现逻辑公域引流 + 私域 + 线下营销或线上变现。流量是会转移的，不仅要开通自己的企业微信，后续还要辛勤培育流量，并想尽一切办法把用户导入企业或者个人微信，因为私域用户比平台用户更加值钱。

如果做不好就只有一个原因——重视不够，没有尝到成功的甜头，无论如何，都要坚持下去，只有持之以恒，才能取得突破。

千万不要想着成为网红，不要想用户很多很多，10 万用户流量就可以了，要多运营几个号，10 万 ~ 30 万流量最好。

做简单容易复制的事情，先模仿再创新，多号运营，一定用数据对抗不确定性，核心是好内容、好声音、身份标签。

置顶视频，彰显身份，加大营销力度引导消费，后续视频号会有分销功能，员工要认证一下，通过认证知道谁的客户成交，这样才好划分收益。

不是视频内容为王而是数据为王，5 秒完播率必须在 50% 以上，好文案前 3 秒有吸引力，内容要有深度，形式要简单，方便复制，你和业绩暴增就差一个好视频，多用几部手机或者相机拍摄，拍摄位置不同就可以多剪辑几个视频。

100 秒内容直抄，准备 20 条必爆文案，曾经的 10 万赞话题涉及专业领域，挖掘 IP 本身价值，确定人设 + 整体文案设计。

要想吸引用户的注意力，就要对用户产生具体价值，并给出希望和解决方案。

十五、账号定位

要进行商业定位，就要知道你为谁服务，并进行客户画像。

短视频与直播逻辑：变现—闭环—用户—流量—爆款—定位—产品—内容。

根据自身情况选定市场，无论做什么事情，都应该发挥自己的最大优势，做短视频市场也是一样，只有把自己的优势发挥到极致，才能吸引客户的注意力。

（一）商业定位

如何变现？卖什么？怎么卖？卖多少钱？

是决定通过短视频直销房子获得收入，还是引流私域后成交，一切先从设计营销流程说起。

客户在哪里？在微信视频号、抖音、快手、小红书、百度、QQ 等平台，如何选择平台应根据团队情况而定，时间花在哪里结果就在哪里。

用户定位流程：业务流程—客户画像—客户在哪—鱼饵—抓潜—培

育—成交—服务—追销。

（二）账号定位

吸引目标用户，拍摄方式，账号包装。

（三）内容定位

要根据你的用户做内容，定位目标用户，看他们要什么，然后找到对标目标账号，依据一抄、二改、三优化、四执行、五复盘的总结原则，准备素材着手创作。创作内容要构思精妙，只要能够1秒吸引用户注意力，用户就有可能看完3秒、5秒甚至整个视频。

十六、如何起号

（一）了解平台规则

只有了解平台规则，才能确保账号安全性，就算花钱买流量，也得看回报率以及数据，还有抖音八级流量池的规则，先做好内容再剪辑，闭环大于用户，用户大于流量，流量大于爆款，用爆款增加流量；用户需求越紧急，付款就越快。

（二）起号

起号不是流量越多越好，也不是用户越多越好，而是每条短视频都能够持续稳定增加流量和后续变现。一个短视频可以发10次，每一个短视频发出去，后台都有数据功能，数据会分析完播率，建议优化视频内容，同一个短视频再发还是会火的，这样发几个内容就有可能火了。

（三）账号的标签要匹配视频内容

火过的内容还会再火，只要目标客户一致，账号、内容、标签，一定要垂直。找到同样商业定位的人，对标他，然后进行私域引流及变现。定位账号变现目的在于你的客户是谁，知道客户是谁才能知道客户需要什么，知道客户需要什么才能知道客户需求，知道客户需求才能设计内容，成交由小到大，持续稳定多方式变现。

客户思维——客户需要什么？客户喜欢什么？什么对客户有用？

客户第一，客户要的是有价值的内容，而平台也需要有价值的内容，只要持之以恒是金子总有发光的一天。

十七、失败的原因

（一）流量干预

一开始不要人为干预流量，不要加“DOU+”，没有完播率高的爆款短视频，即使购买流量也不会起到太大的作用。

（二）账号定位

账号定位不清晰，盲目模仿。记住不要娱乐化拍段子，要跟你们的定位相关，定位、目标客户都要精准，持续输入有价值的内容，有价值的内容就算暂时不火，以后也会火，平台需要有价值的内容，好的内容最终会被挖掘出来。

（三）目标付费客户

用户潜力怎么样？

用户为什么愿意付费？

你能帮助用户解决什么问题？

用户为什么找你？

要根据商业定位，再定位用户需要的内容，要先有成交量再考虑播放量。

（四）正确起号的逻辑

正确起号，是先找对标账号，先看20个点赞最高的号，同样的内容吸引同样的人，要找到爆款，明白他们为什么火，他们每秒都是怎么做的。要把短视频当作营销工具，这个号只能开发客户，不要用作其他功能的使用。

十八、短视频内容核心认知

只要找到突破口，爆火过的内容题材，一定还可以再爆火，刺激过的还可以反复刺激，一样可以出效果。

(一) 找对标的七个方法

一是通过关键词寻找 20 个矩阵账号，并分析它们的展现形式、表现形式、结构。

二是进行热门关键词搜索，如“蝉妈妈”平台。

三是关注直播间热门公屏、小时榜。

四是关注抖音小店，看谁一直是第一名，哪个短视频数据好。

五是通过排行榜找到热门对标，如房产、金融贷款。

六是抖音提供的 API 接口。

七是采取文案批量下载、收集汇总方式，爆火过的内容还会再爆火。过去爆火过的短视频转文字，再拍成属于自己的短视频。

(二) 找对标的流程

1.记录短视频的展现方式，是站立讲还是坐讲，一个人还是团队合作。

2.拆解逻辑，了解结构的光点，自己拍一次。

3.找共性，就是爆款的元素，如人、物、宠物等，找到它的流量密码。

4.套模板、找元素、工具、人和物。

5.重复套用模板、有用的模板重复用。

6.看数据、做预判、完播率 30%、播放量 2 万曲线以上、看曲线。

7.优化迭代。

(三) 找对标用户目标分析

1.用户属性。年龄、性别、工作、区域等。

2.地域分布。生活习惯、消费水平。

3.活跃时间段。比如，早上 8 点、中午 12 点、晚上 9 点、0 点后。

4.兴趣偏好。观众喜欢看什么，我们拍什么，客户什么时候有时间，我们就什么时候发短视频。

5. 老号连续发布 10 个内容，就可以把自己的账号标签改了，新号关注同领域的对标。成熟的账号会有抖音创作者中心，了解自己的账号数据，看自己的作品，平台会建议发什么作品，对比数据看需要优化哪些方面。

（四）对标账号分析

1.视频内容。人设、剧本、拍摄、演员、画面、声音、封面、标题。

2.账号数据。作品数据、用户量、用户属性、获赞率。

3.更新频率。发布作品要间隔几天更新。

4.视频的数据。点赞、评论、转发。

对标账号发布作品比如上午8点发，是他们高峰期，你投“DOU+”就投他的账号，吸引他的客户，把他的目标客户引流过来，研究对标的一举一动，他们上午8点投你就上午8点投，他们晚上9点投你就晚上9点投，工作做细一些，用哪个平台就研究哪个平台的对标账号，找到共性，“DOU+”就是快速打标签。

（五）账号人设搭建

1. 外在形象，如样貌、发型、服饰、妆容、表情、动作。

2. 内在性格，通过视频，表现人物的性格。

3. 人设背景，设定家庭背景、教育背景、工作背景，使作品更加丰富饱满。

4.人设三观，人设在内容输入中展现的价值信息。

5.找到差异，打造标签。

6.扬长避短，保持真实。

7.简单明了，方便记忆。

十九、如何选择题材

选择题材拍摄内容是有小技巧的。比如，“我姓王，来自安徽的一个小城市，现在在上海浦东做二手房交易，3或4开头的老乡伙伴，进来认识一下，聊一下不会让你吃亏。”

流量密码是什么？选择题材 + 结构 + 呈现 = 流量。

选择题材大于结构，结构大于呈现，不一定要有好的设备，但一定要有好的题材，只有选择好题材才能决定流量。

爆款最重要的是什么？不是你想表达什么，而是客户想看什么、想得到什么。只有满足了客户的需求才能获得流量。

那么，我们如何知道客户想看什么呢？

如何让爆火的内容再次爆火？具体方法如下，找同样的产品，实现业务闭环，进行账号定位，完善人设与内容，对标高点赞的话题，这样炒作才有用。

以下四个脚本，可做参考。

1.开头激发兴趣+识别买点+展示过程。

2.开头激发兴趣+产品使用方法+使用结构。

3.开头激发兴趣+给出超预期答案+讲故事。

4.开头激发兴趣+连续问三个问题+逐一解答。

比如，卖梨子的视频，主播用手一捏梨就出水（展现），三秒就吸引你的注意力。洗衣服的视频会展示过程，卖葡萄干的视频多将火焰山作为展示背景。

二十、短视频内容创作六步

要想做好短视频，就需要组建团队，短视频制作包括前期准备工作、内容策划、拍摄、剪辑、发布、运营六大板块，每个板块都需要专业的人做。

要不断优化经验技能，刚开始做不是很成熟，需要积累经验；还要针对团队进行优化，对于不合适的人要及时调整岗位。

明确岗位职责，分工明确，只有责任到人，才能把事情做好，要让所有人知道自己做什么，做到什么程度才合格，从而齐心协力完成一个爆款短视频。

（一）如何创作内容

优质的内容创作与用心程度有关，只有永远站在客户角度思考他们需要什么，想清楚他们的需求，你才会创作出优质内容。

优质内容会引发客户的收藏、转发及点评等，因为它们填补了客户的空白区域，或者提出了独特的见解和观点。

1.模仿+二次创新，关注热点，参加话题，这一方式适用于所有行业。

2.生活随拍，寻找灵感，注重观察，如情感类、生活分享、好物推荐等，养成记录生活的习惯，记录有趣的、感动的瞬间，从身边取材，把自己的经历记录下来，热爱生活。

3.专业类（知识+才艺）内容输出，需要有创新能力，专业性要求很高。

4.剧情类不是盲目地“灌鸡汤”，要有正确的价值观。剧情类对于演员要求偏高，要有合作团队。

（二）提升内容质量技巧

你可以从经典影视中提炼素材，也可以在国内外视频网站中寻找素材，进一步优化自己拍摄的爆款短视频。

1.设计内容时，一定要考虑客户的体验感，让潜在客户心甘情愿地找你买房。可以进行内容创新，做到与别人不一样，有其独特之处。

2.每次发布内容都会有数据指标，你需要精准地追踪数据，不断优化内容，做到人无我有，人有我优。

3. 不断高效地创作新内容，以数据为中心进行分析优化，最好团队共创，不断延续新的优质内容，为以后的营销提供重要学习案例。

4.选择做一件事很简单，难的是坚持下去，很多人做短视频和直播后没多久就会选择放弃。坚持做优质内容说起来容易，你需要多多关注热点新闻，多学习，只有肚里有知识才会有好内容。说起来容易做起来难，成功的道路不拥挤，坚持就会有希望。

（三）三段式结构

1.开头——结果前置，制造悬念，提出疑问，开头3秒很重要，吸引别人注意力。

2.中段——反转好奇心，共鸣。

3.结尾——点题、留白、引导互动。

（四）爆款公式

以引流转化为目的做爆款内容，必须以开单为导向，你们发布的内容都要符合客户需求，没有满足客户需求的内容就没有价值，即使内容再好也不会让客户产生消费行为，更不会增长业绩。

爆款公式 = 受众用户 + 爆款选择题材 + 爆款脚本。

1. 热点——爆点前置（话题、画面、病点），案例陈述（故事案例、经历）。

2. 痛点——制造槽点（话语、场景、画面）。

3. 痒点——剧情反转（身价、人设、悬疑），制造反差（身份、言行、形象）。

4. 情绪——价值认同（技能、干货、新知识），情感共鸣（正向、反向）。

(五) 如何评价一个短视频好坏

短视频内容自检清单。

1.选择题材。目标客户需要什么，整体内容是否符合平台规范，主题是否涉及近期热点话题，最近大家注意力在哪里，哪里就是热点，要符合客户当下的需要。

2.拍摄。拍摄具体要求如下：拍摄画面是否清晰，镜头切换角度是否合适，无关镜头是否已经优化，视频要按0.01秒计算，大家的时间都很宝贵，拍摄时2个以上灯光，一个照人一个照背景，2米 ×2米以上绿幕背景，麦克风有线无线均可，笔记本要带摄像头越清楚越好；可以以访谈形式展现、口播形式展现或者演戏形式展现。

3. 开头。开头3 ~ 5秒是否出现核心信息，是否在开头制造悬念、矛盾点等，是否在15秒内出现第一波高潮。

4.内容。内容是否加上自己的特色，同样内容要重拍，平台不会推老视频，人物和场景要变换，全文内容是否有多次反转。

5. 结尾。结尾是否正向引导大家关注、点赞、评论、转发或者进入直播间。

6.标题。发布15 ~ 20字标题。

7.音乐。音乐是否已经避免侵权风险，是否为热门音乐，特效配合画面切换，音乐是否匹配内容风格，背景音乐的音量要控制好，同时主播声音不能太大。

(六) 设计标题

标题是关键。比如，今天物业的保安大叔给我上了一课，就是在制造悬念。标题还包括以下几种类型。

1.共鸣型。情感共鸣，满足用户幻想，让用户发挥想象力。

模板：你有经历过客户跳单吗？你知道客户看中房子为什么不出手吗？

2.揭秘型。每个人都有小秘密，每个人都有好奇心。

模板①预约看房，用户说没空的原因，你肯定不知道。

模板②二手房转定以后爆单的秘密你肯定不知道。

模板③三招制服跳单的人，让业主完全配合你开门看房。

3.巨大反差型。违背用户认知，制造槽点冲突、有争议话题。

模板：多组客户同时带看一套房子，快速抢单成交99%，经纪人不知道。

4.数字型。时间数量精准到数字，比大概等话术引起的信任感更强。

模板①二手房营销冠军每天带看5组客户是如何做到的。

模板②每月成交5单是如何做到的。

找到自己播放量最多的两个短视频，一个涨粉最多的，另一个变现最多的，再次优化利用，在电脑上观察短视频上传情况，尽早发现尽早优化，以快速涨粉变现。

研究所有内容，找出优质内容进行分析，涨粉的转化进私域，变现、关注、点赞、评论最多的拿出来优化，换个场景再拍一次一样能爆火。

投“DOU+”投2小时就可以，找到相似达人，你比他强就可以了。

5.压迫型。利用信息差，制造失去会有什么损失和利益等，以及非常可惜的结果。

模板：这两点没做好，开单就跟你擦肩而过。

6.背书型。利用成功案例加强信念。

模板：销售冠军一个月成交5套别墅（截图），你知道是怎么做到的吗？

二十一、从人性弱点出发

1.懒——聪明经纪人开车接送客户。

2.贪——如何让客户离不开你。

3.装——成交后客户给你包了大红包，你没收。

4.恐——××公司上次有个客户支付意向金被经理私用了。

5.懂——××公司有个客户上个月成交税费多交20万元。

只有具体问题才有具体答案。

二十二、如何剪辑

（一）剪辑10大信条

1.使命初心。你要有使命感，用内容方便买房卖房的客户。

2.用心去做。你的视频剪辑不能只有一个缘由，只要用心没有什么做不到的。

3. 追求极致。绝对不要随便拍，要认真拍摄后再发布，还要认真剪辑，认真配音。

4.专注“挖井”。做一个“挖井”的人，持续做正确的事情，利他就会得到加倍的奖赏，时间花在哪里结果就在哪里，短视频和直播是一条很好的开发客户的路径。

5.全力以赴。短视频就是超级放大镜，一个人做好或全员一起做，直播和短视频选一个赛道，或者同时做。

6.个性签名。突出领域和专业性价值。

7.音乐铸魂。音乐是短视频的灵魂，短视频就两个方面：视觉和听觉。

8.勤奋。勤奋是成功的前提条件，对于任何创业者来说，勤奋都是最根本的一条，自助者天助，好运属于那些勤奋努力并勇敢坚持的人。

9.不断复盘。重复过去的思维和行为只能得到过去的结果，必须思维升级，一定问自己，你要如何做才能做得更好。

10. 三秒抓心。前三秒没做好，就没有后面的服务，剪辑到最后 0.01 秒也不能松懈。

(二) 爆款短视频 20 条标准

1.清晰度 1080p 以上 + 美颜，参与拍摄的人最好化妆。

2.字幕一行不超过 8 ~ 10 个字，位置偏中下。

3.字体显眼、清晰，形成视觉美感。

4.文案符合价值观，并且 10 万点赞以上。

5.认真打磨内容 (0 差错)。

6.语句通俗易懂。

7.背景。视频要突出人物，视频号 + 纯色不闪眼睛。

8.音量。外放音量要审核三次，耳机和外放的比例要严格把控，宁可小也不要大。

9.标题。标题要吸引人、醒目。

10.封面。封面要清晰、统一。

11.音质。音质要清晰悦耳，不刺耳，无杂音。

12.人名条。如王大峰、玖立创始人、实战二手房营销策略等。

13.引导关注。必须引导私域，进入个人微信，片尾引导关注。

14.点赞。必须引导关注点赞。

15.描述。描述时必须加#王大峰玖立房地产，日积月累传播。

16.镜头切换。多条短视频剪辑使用。

17.前三秒。爆点前置，最好前三秒抓心。

18.调色。清晰度再次提高。

19.吸睛。背景采用吸睛文字，保留10秒。

20. 画中画。增加场景代入感，例如，周文强讲的江南七怪视频就是画中画。

二十三、爆款短视频六步

从经典爆款中提炼素材、文案，换一个场景重新拍摄，变成原创短视频，用不同方式展现，内容可以是笑点、调点、新奇点、美点、热点或槽点，适当融入2~3个即可，不需要太多，也可以去评论区找爆点，收集、累积为以后创作提供参考。

爆款视频六步。

1. 选择题材——以客户思维，结合选择题材方式，了解客户关注什么，创作用户想要的内容。

2. 素材——建立素材库，批量建立爆款素材库，持续更新输出，找到爆款体感，用时间积累。

3. 场景——人物特点、道具、音效、气氛、台词、热门、争议、反转、字幕大小、颜色、位置。

4.结构——参考七步绝杀爆款结构。

5.展现形式——人物口播、新闻体式、访谈式、剧情式(要求比较高)。

6.情绪——根据脚本和剧情随时变化，语音语调/表情配合到位，引发观众强烈互动。

二十四、七步绝杀爆款结构

(一) 抓用户的心

有用户就有业绩，为什么很多直播带货都有动作指示，如“加我用户有福利”，因为用户不仅是潜在客户，也是助力器，只有得到用户认同和好感，他们才会支持你、配合你；只有一呼百应，才能带动直播间的气氛。

不管是视频号还是抖音号，你的账号价值就是用户数量多少，如果全世界只有一个人使用它，它是没有任何价值的，短视频营销就是服务对你内容感兴趣的人，只有尽可能满足用户，不断吸引更多用户的关注，这个账号才会有更大的价值。短视频内容拍摄如下。

肯定式、疑问式和提问式。比如，一定要抓住用户第一印象，不然会付出更大代价；一定要抓住用户看中房子的成交信号，不然会错失良机；一定要在开头的一两秒吸引用户的注意力。

1. 一种是提问。例如，你知道客户为什么对你不在意吗？因为有其他经纪人比你更加优秀，你在提问的时候，对方就会产生好奇，就会想为什么。

2. 一种是开头。一定要制造悬念，因为基于人性，刺激他的大脑想知道，而不是你想让他知道，那什么样的情况他会突然想知道？

比如，“三年前我创作了一本书名字叫《二手房营销秘籍》，它帮助很多经纪人成长，达到业绩暴涨，大家知道为什么吗？因为书里的内容是我20年的实战经验”。

3.引发好奇心

一个短视频播放量2亿次，到底做对了什么？

你知道吗？一个小学没毕业的农村小伙，年收入百万元，简直太不可思议了。

短视频的第一句要么是提问，要么是疑问，要么就是情绪加上悬念制造好奇感，要么直接抄别人文案，要么自己写。

(二) 塑造期待

塑造结果，塑造稀缺，塑造限时，塑造故事。

比如，“这个东西我只说一遍，三分钟以后就删除了”；“在我落魄的时候一个大佬和我说了一件事”；“我是在上海听一个大神说的”。

比如，“我总结三个要领，第三个最重要，也是很多人不知道的”，这样的话用户肯定想知道第三个要领是什么。想知道第三个要领是什么就必须听完前面两个，当用户听完第三个要领的时候，整个短视频都快播放完了，这样完播率就提升了。

需要注意的是，引发好奇这一步是抓注意力，而悬念前置叫延续注意力，所以整个短视频的脚本就是先抓注意力，然后不断延续用户的注意力直到最后，也就是完播率的核心秘诀。

抓住注意力和延续注意力，解释事件（思想前置）持续引发别人注意力。

比如，为什么不能买分红保险（为什么制造好奇），很多用户问我，买保险的时候是买消费险还是买分红险，然后很多人都不知道分红保险里面的坑，接下来我给大家分享一下分红保险里面 3 个隐形陷阱，第三个陷阱 99% 的人不知道。

用户听到这里就想把它听完，而且第三个陷阱 99% 的人不知道。到底是什么陷阱？因此，这就叫思维前置。

（三）点赞收藏

点赞收藏具体案例如下。

接下来我花一分钟和你分享一下内容，有点烧脑，记得点赞收藏，请反复多看几遍（给他一个理由让他点赞收藏）；这个短视频很重要，以免被删除，记得点赞收藏；点赞收藏看完，明年的今天你一定会感谢我。

（四）一分钟讲解（内容剧透）

一分钟讲解具体案例如下。

“接下来我花一分钟的时间给你解释一下，这段视频有点长，请耐心看完。”

为什么这样讲呢？这叫“心理承诺”。

当你说“接下来我花一分钟的时间给你分享一下”，如果用户听完这句话还没有离开，就证明他跟你达成了心理承诺。

或者说“接下来这个视频有点长，请耐心看完”。当用户看完这句话没有离开，就说明用户在虚拟世界和作者进行了一个约定，这个约定一旦达成，很多人是不会在没看完这个内容的时候离开的。

这种心理承诺你也可以理解为设定心锚。

（五）环环相扣

讲解的过程中，要控制好节奏，讲完一部分后，再提出一个问题，再次打开他的好奇心，让他继续听完，人的大脑只有接收到问题的时候才能寻找到答案。所以环环相扣最好的方式就是提出问题。

比如，直播封面图到底该如何设计呢？

第一，头像，让用户知道这是谁的直播间。

第二，你要把主题大大地写在封面上，清晰明了。

第三，核心中的核心，在背景中加上入场的路径图。这里的目的是环环相扣，让用户认识你的核心内容。

(六) 引导留言

引导留言有两种方法：一种是在短视频中提出一个问题，让别人在留言区回答；另一种是在拍摄短视频的过程中，故意留下一个漏洞，然后让别人提问、互动、评论、留下话口、制造槽点。

制造槽点包括在短视频录制中制造槽点或者在标题中制造槽点。

(七) 刺激转发

刺激转发有两点。

1.诱导转发标题项目，别人就会把这个视频转发。

2.代表一群人说话，会有人转发，要么代替女性群体，要么代替男性群体，要么代替老板说话，要么代替母亲说话。

例如，“发布第一条短视频就能破百万播放量的人，他们是如何做到的”？

答案：“都是用‘DOU +’撬动的自然流量。”

问题：“那他们的‘DOU +’是怎么投的呢？”

答案：“今天我们就来揭秘一下。”

问题：“‘DOU +’到底怎么投的呢？”

答案：“总共分为四步，首先……其次……为什么发生这种情况？”

问题：“‘DOU +’到底怎么投，请看下集。”

二十五、运营六步

视频号与抖音等平台竞争越来越激烈，为了在同质化领域脱颖而出或领先同行，平台需要用户，它们也要第一时间抢占用户心智。

作为房产中介或者经纪人也要制定特色内容吸引目标客户，通过不同内容吸引目标客户的关注，再通过差异化营销策略引流私域进行培育成交。

(一) 短视频的封面

1.清晰。保证清晰度，让用户看清短视频的内容。

2.简单。风格统一，布局简单。

3.突出。保证重点内容不被文字遮挡，突出重点。

4.通过封面彰显特质。把短视频中最出彩、最能体现个人特质的画面截取出来，并且持续输出，以让客户形成记忆点。作品是有生命周期的，应及时更新。

（二）数据分析

1.了解播放量不增加的原因。

2.了解观众喜欢什么不喜欢什么，提供用户喜欢的内容。

3.复盘总结，每天进步 1%。

（三）短视频播放量数据

观察播放量数据是判断短视频内容质量好坏的重要维度。

1.视频播放量。有多少用户看过你的作品，短视频播放量绝对值反映内容质量。

2.平均播放时长。所有用户观看短视频的平均时长，平均观看时长和完播率成正比。

3. 短视频完播率。看完短视频的用户占比，完播率不是短视频播放量高低的唯一因素，也可用几个大号发布原创。

（四）根据用户互动行为产生的数据，得出内容价值

1.点赞。用户是否喜欢你的短视频。

2.评论 / 收藏 / 转发。短视频中的内容是否引发共鸣和思考。

3.点击主页。用户是否愿意向外推荐你的内容。

4.关注。用户是否支持关注，并获取更多内容，对你有所期待。

（五）自我分析

1.优劣势。通过数据找到自己短视频的优劣势。

2.发布时间。确定账号短视频发布的最佳时间。

3.内容。完播率和播放量提升，确定用户喜欢的内容。

4.问题。找到自己短视频存在的问题，进行修正。

一天更新三个短视频，陌生人点赞效果最好的内容优化为 10 个，哪个账号播放量高就用哪个。要补齐出现短板的地方，通过分析自身账号数据，

找到最佳发布时间。

（六）投放实践测试

第一天：9 点、12 点、20 点。

第二天：10 点、13 点、21 点。

第三天：9 点 30 分、12 点 30 分、22 点。

提高短视频的活跃度，每天多发几个，靠运营测试找出最佳发布时间。

方法：选择相似度高的内容，在不同时间段发布并且记录数据，观察短视频播放量的变化情况，总结用户的观看规律。

针对客户需求，设计与提供差异化信息内容。

二十六、成功七步

（一）准备好账号，精准定位、垂直标签

昵称，选择增加行业的关键词。

个人简介，凸显价值。

作品文案，添加行业关联话题。

创作者身份，手动选择关联身份。

用“DOU+”快速打标签。

（二）发布测试

我们需要发布海量短视频并覆盖多种类型。

1.类型。知识—房源—相关话题—细节展示。

2.场景。外景—室内。

3.拍摄。混剪方式，一镜到底方式。

4.多样化组合。不同时长—片头设计—音乐—角度。

5.量产多覆盖。建议每天 10 ~ 20 条，覆盖 4 ~ 5 种潜力类型。

（三）潜力挖掘

数据分析 + 经验总结。

1.定位 3 ~ 5 种高效类型。

2.监测播放量，用完播率判断优劣。

3.建议通过曝光次数编排。

4.创作者服务平台数据分析。

5.数据罗盘、短视频、自营视频分析。

6.数据罗盘、短视频高频、实时高号。

7.系统、运营部和短视频分析。

（四）迭代优化，精细拍摄剪辑，优化所有细节

1.优化音乐、灯光、场景、话术，优化时长，优化前3秒的设计。

2.精益求精，出片前检查细节，如节奏、错别字、画面。

视频号一天一次迭代，抖音5分钟一次迭代，抠细节，优化时长。

（五）追加同类短视频

1.混剪 / 追加。混剪3～5条数据，追加最佳短视频数量。

2.围绕高效高产出发布短视频，并优化继续发布多个能变现、增粉、完播率、播放量的短视频。

3.覆盖范围。将高特效短视频类型覆盖更多知识及房源信息，一个视频可以优化50个短视频，不产生重叠全是原创，从成功走向成功，抄别人也可以抄自己，目前抖音迭代5分钟一次，视频号一天一次。

（六）付费加持

1.对高流量的时间段付费，这个时间段投产比较高，用钱赚钱是最快的方法。

2.短视频爆火了，流量获取能力就强了，可以直播变现。

3.短视频爆火了的情况下，时间允许建议马上直播，直播内容也讲与爆款短视频内容相关的话题。

（七）细节决定成败

1.数据分析，聚集1～2种短视频类型。

2.评论区置顶引导关注评论。评论也是互动，展现形式、文案、投放方式等都可以被人模仿，唯独评论无法模仿，注重互动点评也是特色。

3.把控短视频上热门时间段，付费加持测试短视频，用钱换钱，考虑产品与目标客户是否有共鸣。

运营团队一定要多利用数据分析功能，在推出的每个短视频内容后查看数据情况，并总结这些数据吸取教训，有针对性地调整运营计划方案。

在二手房领域要摆脱同质化局面，做好单方面的营销是不够的，需要特色的运营方式和差异化营销方式，做到满足客户的需要，以此占领消费者心智，走进客户心里。

二十七、如何直播

短视频和直播的关系相辅相成，互相吸引，短视频播放量会带来精准的自然流量，直播过程中合理引导用户可反向为短视频增加互动率，开始是用短视频引流量，而后预约直播，胆量都是练出来的。

(一) 直播细节

1.开播前检查流量，流量必须充足。

2.检查手机空间，空间充足。

3.手机电量必须在 90% 以上。

4.手机温度要低，窗口要少，建议关机重启。

5.室内温度要低，只有低温度人才会精神。

6.开播前擦拭镜头，背面更加清楚，直播机一体，设置中控台、绿幕等。

(二) 明确直播目的

1.为了细分。

2.为了宣传。

3.为了引流。

4.为了销售。

设置条件，聚焦一个平台做专做好。视频号是私域，朋友圈、抖音是公域。

关注抖音人均在线时长、人均停留的时间。

微信视频号玩的就是变现能力。

(三) 直播平台的选择

公域直播、关注、点赞、互动、销售量、进店量、产品点击数、观看时长等，私域直播、分享、转发等。

公司有多少员工就开多少直播间，一家店上门客户是有限的，物理空间做不到网络空间可以做到，直播有3000人观看就是一对多的服务，直播对品牌的宣传更好，直播是一个工具，未来很多商品都会通过短视频和直播的方式卖掉。

让直播间获得精准的流量。持续做正确的事情，会得到加倍的奖赏，这是量的累积到质的过程。

（四）直播10个维度

1.冷启动。

2.战略方案。

3.新号开启。

4.账号引流。

5.场次策略。

6.账号稳流。

7.发展策略。

8.培养金牌主播。

9.话术策略。

10.团队配置。

（五）什么是冷启动

与所有平台一样，抖音是一个依靠数据进行展现排名的系统，且通过标签为账号匹配人群。

作为一个新的账号，既没有标签属性也没有数据的支持，平台无法推送流量，而没有流量就没有成交机会，如此反复就造成越播人气越少的局面。这个过程就是冰封期，做抖音直播第一步就是破冰，任何平台都有冰封期，都有先冷启动后有流量再求转化的过程。

（六）冰封期变现

1.平均在线30人，越播越少。

2.进直播间的人很少有购买需求，成单量不足1000元/场。

3.场观低于500人/小时。每个人都有沉默时间，这段时间你付出很多努力也没有收获，这叫扎根，没有选择所以坚持，你相信的程度就是你坚持的程度，你坚持的程度就是成功。

(七)带货抖音级别参考

1. E级，新手期5~30人，停留2分钟，评论率大于8%，加粉率大于7%，转化率大于3%。

2. D级，破冰期30~100人，停留2分钟，评论率大于8%，加粉率大于7%，GMV大于10000元。

3. C级，打标期100~700人，停留1.5分钟，转化率大于7%，UV值大于1，退货率小于20%，GMV大于50000元。

4. B级，发展期700~3000人，转化率大于3%，UV值大于1，退货率小于20%，GMV大于100000元。

5. A级，爆发期3000人以上，转化率大于3%，UV值大于1，退货率小于20%，GMV大于500000元，成交大于一切。

(八)突破权重VS权重特点

1.权重是个虚拟概念，是系统根据账号的考核情况，给予的初始展现量(流量)等级，权重高的账号获得的流量更高，标签更加精准，且违规容度高于低级权重账号。

2.权重的特性是可变性，权重可上可下，没有可预见性，本场直播表现可以预见下一场，权重却不一样；不同的账号权重不一样，级别是PK出来的，这一场直播结束时的人数是下一场直播的人数起点，如本场200人下次起步就是200人。

3.在直播前要想好，直播是不能间断的，一旦间断，人气就会消失，因此，直播需要良好的精神状态以及意志力。

4. 直播卡黄线技巧，必须知道什么时候下播，本来600人，流失320人就要尽快结束直播，要把直播当成一种沟通渠道，把用户当成自己最好的朋友，直播除了流量还是产品。

(九)突破冷启动的成功标准是什么

1.场观1万/2小时，GMV1万/2小时。

2.在线峰值突破700人。

3.平均在线100~300人，UV值大于1。

（十）战略方案

制订战略方案，应首先了解直播间用户进来的目的和想法，如有趣、好奇，来到直播间主要是为了放松、开心，或者想购买产品。

（十一）新账号如何开启

新账号要想 7 天实现千人在线，如总分是 5 分你就要做到 4.6 分以上。

开播准备。口碑分 4.6 分以上，1 ~ 30 个账号。

设备测试。开播手机设置蓝光 1080p 模式。

音乐装备。要求音乐氛围热情。

屏蔽词。骗子、套路、取关。

管理员。设置最少一个管理员。

（十二）直播准备

根据直播内容、形式以及流量，预算选择人员配备。

1.摄影摄像装备。手机、电脑摄像头、导播机。

2.技术推流。直接推流、ods 推流、淘宝推流。

3.灯光音响。美颜灯、补光灯、拾音设备。

4.在线包装。贴片、短视频、字幕、tips 条。

5.后台人员。在线客服、公告、链接、弹窗、其他人员。

6. 开播预告视频。开场（悬念 / 设问式）+ 开播时间 + 利好消息 + 引导介入，3 个爆款短视频。

7.找出 5 ~ 10 个引流最好的视频做成爆款视频。

30 分钟发一个短视频，引流直播间，流量变现更高。开播前进行语言艺术和流程预演，做好备播工作。

（十三）直播的步骤

1.预约直播，告知价值吸引人气。

2.吸引新客户，邀请老客户。

3.为直播间聚客。

4.前 5 分钟互动吸引关注和转发点赞，互动到一定程度，进行福利发放或抽奖稳定直播间流量。

（十四）账号引流

1. 目标，打开自然流量，形成类标签，直播间人数平均在线150，峰值1000人以上，2小时场均观众破1万人。

2. 小主播一般晚上11点播到凌晨2点，早上五六点播到8点，等到大主播睡觉的时候你才有机会。

3. 2小时起播，每场累计30分钟，开播前半小时发一个短视频，开播中每半小时发一个短视频，交叉公域引流＋私域＝成交。

二十八、主播间各岗位职责

（一）主播职责

1.引导公屏打字，加关注，强互动。

2.开播前提示下一场福袋活动。

3.给没有抢到福袋的用户树立信心。

4.引导关注，预告开始时间。

5.主推1～2款托流款。

6.提取产品卖点。

7.起草直播内容。

8.制订产品的演示方案。

9.制订产品的搭配方案。

主播福袋发出后介绍托流款，福袋即将结束，告知用户福袋活动继续。

（二）副主播职责

1.协助主播监控后台数据指标。

2.回答公屏问题。

3.协助主播做下单演示。

4.配合主播倒计时。

5.给主播递送样品。

6.协助主播喊麦。

7.帮助主播完成任务。

8.主播暂替。

（三）运营职责

1.监控后台数据指标。
2.发现异常及时处理。
3.关注全场与各环节沟通。
4.拉黑黑粉，屏蔽黑词。
5.控制全场，锁定点击率大于 7% 的商品，并暗示主播主推该商品。
6.破局，稳流，控流。
7.选品排品。
8.制定产品推广策略。
9.起草直播脚本。
10.与直播对接。
11.直播现场管理。

（四）中控职责

1.检查开播清晰度。
2.控制音乐灯光和摄像头等。
3.配合主播节奏喊麦。
4.配合主播节奏倒计时。
5.配合主播节奏报数据。
6.根据主播节奏上库存，加库存。
7.设置陪衬价格，高价锚定。
8.按照主播节奏改变库存。
9.烘托热抢气氛。
10.商品 SKU 管理。
11.产品包装。
12.直播间节奏把控修正。

如果托流款能稳住流量，则继续推送托流款以放大转化率；如果托流款不能稳住流量，则引流款和托流款交替推送。

（五）客服

1.解释秒杀规则。
2.解答客户售前售后问题。
3.解答直播间其他问题。
4.评分维护。
5.差评改评 / 催好评。

（六）短视频主创职责

1.起草短视频脚本。
2.演绎，拍摄。

（七）投手职责

1.制订投放方案。
2.统计投放结果。
3.根据结果优化投放策略。

（八）投放策略

第一场到第三场先进行无投放测试，如果通过引流款能够快速拉起流量，则无须投放，如果流量不够则变通式投放。

开播投“DOU+”，人气 300 元 + 互动 100 元 + 加粉 100 元，总共 500 元，每 30 分钟投一轮，每场投 3 轮。

（九）成功直播的数据指标

1.平均停留大于 2 分钟，不低于 45 秒。
2.互动率大于 8%，评论人数 / 场观数。
3.加粉率大于 7%，新增用户 / 场观数。
4.成就分大于 99%。
5.直播推荐大于 90%。
6.关注占比大于 10%。
7.自然流量推荐大于 60%。

二十九、房源策略

(一) 叠加别墅—联排别墅—双拼别墅—独栋别墅

1.前2分钟开播预告。主播预告今天福利活动。

2. 5～10分钟憋单聚人气。活动内容：憋单秒杀活动或者领取福袋送礼物；开播2分钟左右放5分钟福袋，设5人可领。福袋金额较小，设置仅用户可领取，抽到福袋领 × × 一件，放一波。

3.房源。前面5～10分钟推荐叠加别墅，人气目标300～1000人。

10～60分钟爆力直推联排别墅以及独栋别墅，5分钟交叉换一次信息，交替轮回，若直播人气没达到预期，可投“DOU+”人气300元+互动100元+用户100元，共500元投放。

排房策略如下。

1号链接，投放叠加别墅线上支付价格100元，线下看房成交抵扣2万元。

2号链接，投放联排别墅线上支付价格200元，线下看房成交抵扣5万元。

3号链接，投放双拼别墅线上支付价格500元，线下看房成交抵扣10万元。

4号链接，投放独栋别墅线上支付价格1000元，线下看房成交抵扣20万元。

线上支付优先安排看房，赔价要比直播间价格贵5%～10%，到其他平台找个价格高的做比较。

(二) 账号冷启动后流量倒车现象分析

1.流量爆起后暴跌，数据与前5分钟相比，人气指数下降50%。

2.前5分钟进100人留50人。

3.后5分钟进1000人留100人。

4.互动率降低50%以上。

(三) 触发倒车原因

1.性价比不高，印象中外面的价格跟你差不多或者你的价格比外面高。

2.用户认为代价过高。

3.主播不足以说服客户。

4.没便宜可占，房源性价比不高。

(四) 如何避免流量倒车的策略布局

1.房源卖点。找出别墅的3～5个卖点。

2. 塑造买点。客户买了以后会有哪些好处，并且可以解决什么问题和困惑。

3.危机营销。制造危机抢手，不买会失去什么利益和好处。

4.价值塑造。买了以后获得多少利益和多大价值。

5.抓人技巧。用客户想买的方式卖给客户，带客户进入场景画面。

6.成交证明。以前成交的证明，有证明就不需要说明。

(五) 投放策略

根据人气值和带货值交替上款。叠加别墅＋联排别墅＋双拼别墅＋独栋别墅

短视频助力。通过数据拆解爆款短视频脚本，拍爆款短视频。发布节奏为开播前30分钟发1～3条，开播中途每15～30分钟发一条，准备15个短视频，这叫短视频连爆技术。

如何防止直播间流量暴跌。

卡点位投放。

开播投放300人气+100评论+100关注

随心推投，进入直播间300+评论，100+用户关注，自定义人群30分钟。

如果流量充足可以不投放。开播投放随心推，下单＋短视频＋热直播间＋自定义(或达人相似)。每个短视频200元，2小时快速投放，观察短视频转化情况，如果利润可供就加大投放。

开播“DOU+”。定向版＋点赞评论量+2小时＋自定义。每个短视频200，观察短视频跑量情况，如果播放量急速增长突破2万次，则加大投放。

三十、超级主播营销

（一）基本素质三强

主播不是练出来的，而是选出来的。

1.要有很强的语言组织能力。不卡顿，词汇量充足，表达清晰。

2.要有很强的情感渲染能力。情绪饱满，快语速，有感染力。

3.要有很强的临场应变能力。自嘲、纠偏，把坏事变好事，专项特征。

（二）憋单说服

1. 卖点。“这套别墅的开发商和 × × 开发商同级别，品质有保障，购买放心，不用担心质量问题，学区好、交通好，地理位置绝佳，商业设施完善等。”

2. 价格。“本月成交数据像这样的别墅价格在2000万元，今天推出1800万元。”

3.要求。“现在立即下单2000元，优先看房，线下看房成交抵扣10万元，如果不中意2000元退还没有任何风险。”

4. 理由。“我这个是用户福利，一定先加入用户，后台客服也正在统计，今天只收取三个线上支付名额。”

5.信心。能抢到 + 不骗人 + 品质保障。

如：“大家一会儿可以监督我，做人讲良心，讲信用，我们是品牌公司。”

6.兑现时间。“倒计时3分钟，现在不到2分钟了。”

（三）引流说服

1.强反馈

要求。“已经下单的朋友请在公屏打已‘抢到’。”

理由。“客服统计一下，陈先生优先安排看房。”

2.树信心

要求。“没有抢到的别灰心，我再来一套。”

理由。“只要你在我直播间停留三分钟，基本都是不同信息上架，总有适合你的房源。”

3.节奏

紧张气氛。背景音乐，助播能力，配合高度，高频重复关键信息。

三十一、营销 FAB 模型

F——属性特征。一只饿了三天的猫，想大吃一顿，这时销售员 A 抢过来一摞钱，但是这只猫没有任何反应（钱）。

A——作用。销售员 B 过来说，我这有一摞钱，可以买很多鱼，猫还是没有反应过来（可以买鱼）。

B——益处。销售员 C 说，我这儿有一摞钱，能买到很多鱼，你可以大吃一顿了，猫突然跃起扑向那一摞钱（大吃一顿）。直击痛点，卖感觉，重感受，带入使用后享受画面。

如何直播病处，重感受场景化、危机化。

三十二、超强转化逼单说服 SPS

1.卖点。

卖点不是越多越好，能够击穿消费者心理防线的一个卖点足矣。快进快出的卖点不宜太多。

2.决策心理

以自我为中心的场景化。“这套别墅不但有 500 平方米花园，还比上次成交同户型的便宜 300 万元，就是你自己住几年再出售，还能赚 1000 万元，因为每年别墅都会增值。”

3.利益证明

细节展示，展示消费者不知道的东西。决策心理，利用具体可见的信息作对比，如卖表的把手表泡水里，手表仍继续走动，这样就可以证明产品质量好，这是风险承诺。

三十三、逼单

（一）逼单方法

1. 假定成交法

比如卖书，“你今天一定要买一本回去，我相信一定可以帮到你”。如此可以减少客户流失，提高爆单率，实现业绩暴涨。

2. 锚定策略

例如，“产品的价格双十一也要158元，今天只是为了抢人气，直接8折，连8折我都不要，8折还要126元，既不是100元，今天结缘一下，也不是90元，今天马上下单，5折79元，上架100本。”

3. 稀缺策略

因为在二手房营销这个领域，能把实践写得详细的很少，哪怕你是新手也能直接用，随手打开都有金点子。

（二）影响购买的决策

1. 以自我为中心

“这本书内容好不好，我相信只要您认真读，绝对收获良多。”

2. 具体可见的信息

“你们看这本书的外观设计就知道，这本书是真的下了功夫花了心思。”

3. 对比

“大家可以与自己书柜里其他书对比一下，很少有这样做工精美的书籍，我这本书做工这么精致，很对得起这本书的内容。”

4. 场景化

痛点 + 恐怖场景。

你是不是经常遇到客户说忙、没空，是不是客户经常不接你电话，是不是客户经常挂你电话？这都是客户不信任你，你不了解客户需求而造成的，90% 的经纪人都有这些问题，如果你不用心思考，同样的问题一样伴随你，客户流失了你也不知道是怎么回事。

三十四、主播三大策略

1. 洞察心理，为了降低客户流失率，借鉴别人的成功经验，可以少走弯路。

2. 为什么老套的营销策略很管用？如业主出国急售，因为消费者需要一个理由。充足的理由，感知上获得大于付出，边际效用最大化。

3.从众心理，看到别人买应该错不了。

三十五、主播注意事项

(一) 禁用语

1. 不要虚假宣传，不要使用“再不抢就没有了”，“再不下手就没有了”等广告语。

2.禁用绝无仅有、顶级、全网最低价等绝对用词。

3.违背原理夸大商品效果。如“一喷就白的美白产品等”。

4.利益诱惑。如截屏抽奖、含明显诱惑说服等。

5. 不点关注不发货，点关注领好处。如关注才可以领红包，只有关注了才能下单等。

(二) 主播心理素质

1.通过卖惨博得同情，拙劣的表演只会让人厌恶。

2.滔滔不绝地讲故事，故事从前一半开始就缺乏前后逻辑，对重要信息高频重复，让人厌恶。

3.卖点没有细节。

4.低估用户的认知，以为自己知道别人不一定知道。

5.流量上升期是最佳的活动期，流量一旦落入低谷再想起来就难了。

6.缺乏场景化。房源拍摄应有使用的场景，以增强消费者的体验感、代入感。

后　记

当前房地产存量房，特别是一线城市的二手房市场交易方兴未艾，前景可期。尽管从事房地产行业不断会有新的挑战，但对我们而言需要与时俱进，直面挑战，勇于破局。

每个时代都会有新的替代工具和方式，在写这本书时我也与房地产行业的企业家进行了交流，由于本人水平有限，书中难免有不足之处，在此，对于本书内容的错误与疏漏表示歉意！希望广大地产同人提出宝贵意见，也真心希望与房地产行业同人能够相互探讨与交流，让我们一起共同成长。

谢谢大家！